A. MARESCQ AÎNÉ, ÉDITEUR

# GUIDE MANUEL

## DE

# L'ÉTUDIANT EN DROIT

Paris. — Imp. E. Capiomont et V. Renault, rue des Poitevins, 6.

# GUIDE MANUEL

## DE

# L'ÉTUDIANT EN DROIT

## POUR L'ANNÉE SCOLAIRE 1882-1883

### (Cinquième année)

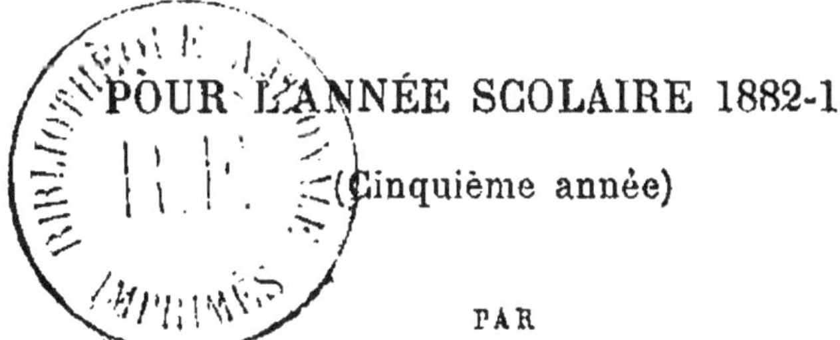

PAR

## Alfred DIEUDONNÉ

Professeur libre de droit et d'économie politique, Rédacteur
en chef du *Moniteur des Facultés de droit.*

———◆———

# PARIS

## LIBRAIRIE A. MARESCQ AINÉ

### CHEVALIER-MARESCQ, successeur

20, RUE SOUFFLOT, 20

1882

# AVERTISSEMENT

Sachant par mon expérience personnelle dans quel état d'isolement se trouve l'étudiant qui arrive à Paris pour prendre sa première inscription, j'ai songé à grouper toutes les dispositions réglementaires actuellement en vigueur qui peuvent lui être utiles. Je me suis aidé, pour ce travail, des ouvrages publiés autrefois sous le nom de *Codes universitaires*, par M. Rendu, inspecteur général de l'Université, et plus tard par M. Reboul, ancien secrétaire de la Faculté de droit de Paris. J'ai mis aussi à profit les différents Guides destinés aux étudiants en médecine, tels que le *Guide Canivet*, l'*Indicateur médical*, le *Guide du docteur Fort*. Grâce aux nombreux documents que j'ai pu recueillir, la maison Chevalier-Marescq est en mesure de présenter à MM. les étudiants un *Guide complet de l'étudiant en droit*. Ce Guide, qui est amélioré d'année en année, contient tous les renseignements dont ils peuvent avoir besoin dans le cours de leurs études.

**ALFRED DIEUDONNÉ,**

Professeur libre de droit et d'économie politique,
Rédacteur en chef du *Moniteur des Facultés de droit* (1), rue Soufflot, 3.

---

(1) Le *Moniteur des Facultés de droit* paraît tous les samedis. Abonnement : 10 fr. — Prix du numéro : 25 cent.

# AVIS IMPORTANT

## Perception des droits universitaires

Par suite du décret du 25 juillet 1882 et de l'arrêté du ministre des finances du même jour, le secrétaire de la Faculté de droit de Paris ne recevra plus ni *espéces* ni *mandats* pour la consignation des droits d'examen.

Les candidats continueront de se faire inscrire au secrétariat de la Faculté aux jours et heures indiqués par des affiches spéciales. Une autorisation de verser (*bulletin de versement*) leur sera délivrée; ils devront se rendre à la caisse du receveur des droits universitaires, rue Saint-Jacques, 55, pour y verser le montant de la consignation des droits afférents à leur examen.

Les familles des étudiants pourront consigner

les droits aux caisses des trésoriers généraux et des receveurs des finances des départements. Ces versements auront lieu sur la production de bulletins de versement qui seront adressés par le secrétaire aux familles qui en feront la demande par lettre affranchie.

Des bulletins de versement seront délivrés pour la session des volontaires, les vendredi 20 et samedi 21 octobre; pour la session ordinaire de novembre (*régime ordinaire*), les lundi 30 et mardi 31 octobre, mardi 7 et mercredi 8 novembre, de 9 heures à midi.

# TITRE PREMIER.

# FACULTÉ DE DROIT DE PARIS.

—

1. — On trouvera, sous ce titre, outre les renseignements spéciaux à la Faculté de droit de Paris, les renseignements communs à toutes les Facultés de droit de l'État.

## CHAPITRE PREMIER.

### PERSONNEL DE LA FACULTÉ.

SOMMAIRE. — *Jours de réception de M. le doyen. — Noms et adresses de MM. les professeurs titulaires. — Noms et adresses de MM. les professeurs agrégés. — Secrétariat. Heures d'ouverture. — Bibliothèque. Heures d'ouverture.*

§ 1ᵉʳ. *Jours de réception de M. le doyen.*

2. — M. BEUDANT, doyen de la Faculté, reçoit MM. les étudiants les mardis, jeudis et samedis, de midi à une heure, à l'École de droit.

§ 2. *Noms et adresses, par ordre alphabétique, de MM. les professeurs titulaires.*

3. — MM. ACCARIAS, 19, rue des Saints-Pères.
  BATBIE, 29, rue de Bellechasse.
  BEUDANT, à l'École de droit.
  BOISTEL, 28, rue Gay-Lussac.
  BUFNOIR, 1, Quai d'Orsay.
  CAUWÈS, 16, Avenue de Sceaux (Versailles).

CHAMBELLAN, à l'École.
COLMET DE SANTERRE, à l'École.
DEMANTE, 77, rue Claude Bernard.
DESJARDINS, 30, rue de Condé.
DUVERGER, à l'École.
GARSONNET, 24, rue Gay-Lussac.
GÉRARDIN, 49, rue Madame.
GLASSON, 40, rue du Cherche-Midi.
JALABERT, 9, avenue de l'Observatoire. -
LABBÉ, 9 bis, boulevard Montparnasse.
LÉVEILLÉ, 55, rue du Cherche-Midi.
LYON-CAEN, 13, rue Soufflot.
RATAUD, à l'École.
RENAULT, 28, rue Jacob.
VUATRIN, à l'École.

§ 3. *Noms et adresses de MM. les professeurs
agrégés.*

4. — MM. ALGLAVE, 27, avenue de Paris (Versailles).
BEAUREGARD, 23, rue Bonaparte.
CASSIN, 55, rue Claude-Bernard.
ESMEIN, 7, rue Leroux.
JOBBÉ-DUVAL, 1, rue Gay-Lussac.
LAINÉ, 4, rue Le Goff.
LARNAUDE, 7, rue de Tournon.
LEFEBVRE, 38, rue d'Ulm.
MICHEL (Henri), 53, rue Monge.
MICHEL (Léon), 25, rue de Vaugirard.
RIPERT, 87, rue de Rennes.

## § 4. *Secrétariat.*

5. — Personnel. — M. Pichard, *secrétaire.*

MM. Loisel, *premier commis.*

Catry,
Caron,
Toulain,      } *commis.*
Gotofrey,
Pierre Allaz, *garçon de bureau.*

6. — Heures d'ouverture. — Le Secrétariat est ouvert tous les jours de dix heures à deux heures, et, pendant les vacances, du 16 août au 20 octobre, de onze heures à une heure, les dimanches et fêtes légales exceptés. Les lettres et paquets adressés, soit au doyen, soit au secrétaire de la Faculté, doivent être affranchis.

## § 5. *Bibliothèque.*

7. — Personnel. — M. Viollet, bibliothécaire. — MM. Marchal et Tharaud, sous-bibliothécaires. — Cheret, premier garçon. — Rouselle, deuxième garçon.

8. — Heures d'ouverture. — La bibliothèque est ouverte tous les jours, excepté les dimanches et fêtes, de 9 heures 1/2 du matin à 5 heures du soir, et, en outre, de 7 à 10 heures du soir. Elle est fermée pendant les vacances et pendant les congés de la Faculté; toutefois pendant la semaine de la Pentecôte, elle est ouverte, à partir du mardi, de 9 heures 1/2 à 2 heures.

9. — Conditions d'admission. — Sont admis de droit dans les salles de lecture :

1° Les étudiants de la Faculté de droit de Paris, sur la présentation de leur carte d'étudiant;

2° Les candidats à l'agrégation pendant la durée du concours ;

3° Les personnes munies d'une autorisation délivrée par le doyen.

10. — PRÊT. — Sont admis au prêt :

1° Les candidats à l'agrégation pendant la durée du concours, pour la préparation des leçons ; les ouvrages empruntés par eux doivent être rapportés à la bibliothèque aussitôt que chaque épreuve est subie. Aucun ouvrage n'est prêté pour la préparation des sujets d'argumentation.

2° Les personnes munies d'une autorisation délivrée par la *Commission de surveillance* (1). L'autorisation ne peut être que spéciale à un ou plusieurs ouvrages déterminés ; elle fixe les conditions et la durée du prêt ; elle est toujours révocable. Les personnes admises au prêt ne peuvent avoir plus de cinq volumes à leur nom. La durée du prêt ne peut excéder un mois pour les livres et quinze jours pour les périodiques. Le même emprunteur ne peut emprunter de nouveau le même ouvrage que huit jours après sa réintégration. Tout volume prêté qui sera demandé en communication à la bibliothèque sera, par les soins du bibliothécaire, réintégré sur-le-champ : il sera rendu à l'emprunteur, s'il le demande, après un délai de deux jours francs. Les manuscrits et les incunables ne seront prêtés que sur une autorisation spéciale de la Commission de surveillance. Les manuscrits communiqués ne peuvent être copiés qu'en vertu d'une autorisation délivrée

_______

(1) La commission de surveillance est composée du doyen, président, de trois professeurs titulaires, et de deux agréés, et du bibliothécaire.

par la Commission de surveillance. Le prêt est personnel. Si l'emprunteur n'a pas remis le volume à la date de la réintégration, le bibliothécaire lui enverra le lendemain une lettre d'avis pour l'inviter à réintégrer le volume. Si dans la quinzaine qui suivra cette lettre d'avis le livre n'a pas été rapporté, le bibliothécaire transmettra au doyen le nom de l'emprunteur en retard ; le doyen lui adressera une lettre de rappel ; — *un mois après, faute de réintégration, les volumes non rentrés seront remplacés sans autre avertissement, par les soins du doyen, aux frais de l'emprunteur.* Il n'y aura pas de lettre d'avis pour les périodiques. Il sera, quant à ces ouvrages, faute de réintégration au terme du prêt, procédé de suite à leur remplacement, comme il vient d'être dit. Les emprunteurs qui rendent les ouvrages prêtés en mauvais état ou incomplets, sont tenus de les remplacer à leurs frais ; si le remplacement n'est pas possible, ils doivent réparer le préjudice causé à la bibliothèque, suivant estimation faite par expert.

Sont exceptés du prêt : 1° les ouvrages rares ou de grand prix ; 2° les dictionnaires ; 3° les estampes, cartes et plans.

### 11. — *Mesures d'ordre relatives au service de lecture.*

1° Le catalogue alphabétique sur fiches est à la disposition du public.

2° Le silence est obligatoire. Il est interdit de fumer dans la bibliothèque et ses dépendances ;

3° Les lecteurs peuvent consulter librement tous les volumes placés au rez-de-chaussée de la bibliothèque. Ils ne doivent pas les replacer eux-mêmes sur les rayons. Ils ne doivent pas monter dans les galeries ;

4° Ils sont invités à *signaler au bibliothécaire* les ouvrages dont ils désireraient que la bibliothèque fît l'acquisition ;

5° Les lecteurs qui prennent des notes ne doivent pas placer leur papier sur le livre communiqué. Il est interdit d'écrire sur les marges des livres, et de s'en servir comme pupitres ;

6° On ne peut retenir de place aux tables de travail ; les personnes qui s'absentent plus d'un quart d'heure ne pourront, à leur retour, réclamer la place qu'elles occupaient, ni les livres qui leur avaient été communiqués ;

7° Toute contravention aux mesures d'ordre entraînera l'exclusion à temps ou définitive de la bibliothèque ;

8° Tout lecteur qui aura emporté, sans autorisation, un livre de la bibliothèque sera poursuivi pour détournement ;

9° Toute dégradation sera réparée aux frais de celui qui l'a causée ;

10° Un quart d'heure avant la clôture aucune demande de livre ne sera reçue.

11° Tout lecteur devra, en sortant, présenter à l'employé de service son portefeuille ouvert ou les livres lui appartenant.

## CHAPITRE II.

### DES GRADES CONFÉRÉS PAR LES FACULTÉS DE DROIT ET DU TEMPS D'ÉTUDES EXIGÉ POUR Y PARVENIR.

SOMMAIRE. — *Des grades conférés par les Facultés de droit. — Du temps d'études. — Nombre des inscriptions requises pour chaque grade. Des cours à suivre et des examens à passer pour chaque année d'études.— Dispense de temps d'études. — Modèle de pétition. Pièces à l'appui.*

§ 1er. *Des grades conférés par les Facultés de droit.*

12. — Les Facultés de droit délivrent des certificats de capacité et les grades de bachelier, de licencié et de docteur (1).

§ 2. *Du temps d'études.*

13. — Le temps d'études est de trois ans pour les étudiants qui veulent obtenir le grade de licencié en droit. Ceux qui aspirent au grade de docteur doivent, aux termes de l'article 3 de la loi du 22 ventôse an XII, faire une année d'études de plus. En pratique, le doctorat exige deux nouvelles années d'études. Ce n'est que très rarement que les épreuves afférentes à ce grade sont subies dans le cours de la quatrième année.

§ 3. *Du nombre des inscriptions requises.*

14. — Quatre inscriptions sont nécessaires pour être admis à l'examen de capacité ; huit pour être admis aux examens du baccalauréat ; douze pour être admis à l'examen de licence ; seize pour ceux du doctorat (2).

15. — Ces inscriptions se répartissent ainsi :

4 pour l'examen de capacité et pour le premier examen de baccalauréat.

8 pour le second examen du baccalauréat.

12 pour l'examen de licence.

14 pour le premier examen de doctorat.

15 pour le deuxième examen de doctorat.

16 pour la thèse de doctorat.

(1) Loi du 22 ventôse an XII, art. 9 à 12 ; décret du 4e jour complémentaire an XII, art. 36 ; décret du 17 mars 1808, art. 16.

(2) Décret du 4e jour complém. an XII, art. 28.

### § 4. *Dispense de temps d'études.*

16. — La dispense d'une partie du temps d'études exigé par la loi du 27 ventôse an XII peut être accordée à ceux qui justifient d'études faites à l'étranger, et regardées comme équivalentes à des études faites dans les Facultés de France. En pratique, le temps d'études fait à l'étranger est considéré comme équivalent à la moitié du même temps d'études fait en France.

17. — Modèle de pétition. — L'étudiant étranger qui justifie d'études faites dans son pays et qui désire obtenir l'équivalence au diplôme de bachelier ès lettres et l'autorisation de prendre à la fois un certain nombre d'inscriptions, doit rédiger sa demande sur une feuille de papier timbré de 60 centimes, et la remettre, sous enveloppe, avec les pièces à l'appui, au secrétariat de la Faculté. Il est inutile de l'adresser directement au ministre, car elle serait renvoyée à la Faculté qui est appelée, dans l'*Assemblée hebdomadaire* des professeurs, à donner son avis sur la demande.

Cette pétition peut être ainsi rédigée :

*A Monsieur le Ministre de l'Instruction publique.*

*Monsieur le Ministre,*

*J'ai l'honneur de vous prier de vouloir bien m'accorder l'équivalence au diplôme de bachelier ès lettres, la remise de... inscriptions et le droit de subir le examen de baccalauréat (licence ou doctorat) à la Faculté de droit de Paris.*

*Veuillez agréer, Monsieur le Ministre, l'expression de mon profond respect.*

*Khasangian, étudiant en droit,*
*23, rue de Fleurus, Paris.*

18. — P**ièces a l'appui**. — Le pétitionnaire doit joindre à cette demande :

1° Les diplômes originaux dont il sollicite l'équivalence ;

2° Des certificats délivrés par le ministre de l'instruction publique de son pays, et par les autorités françaises du lieu de sa résidence. Si cette pétition est favorablement accueillie, le bénéfice de la décision du ministre n'est acquis au pétitionnaire que lorsqu'il a versé au secrétariat le montant des droits imposés aux nationaux. (V. n° 35),

## CHAPITRE III.

### DES INSCRIPTIONS.

**Sommaire**. — *Forme des inscriptions. — Époques auxquelles elles doivent être prises. — Cas exceptionnels où elles peuvent être prises après la clôture du registre. — Des inscriptions cumulatives et rétroactives. — Formalités à remplir pour prendre la première inscription : pièces à déposer. — Déclarations exigées. — Présentation par un répondant. — Étudiants étrangers. — Engagés conditionnels d'un an. — Des inscriptions aux cours de la Faculté des lettres. — Conditions exigées pour être admis à prendre de nouvelles inscriptions. — Concordance des inscriptions avec les examens. — Changement de domicile. — Changement de Faculté. — Passage d'une Faculté libre dans une Faculté de l'État, et réciproquement. — Inscription prise pour un autre. — Avis donné aux parents des étudiants qui n'ont pas pris d'inscriptions. — Des cartes d'inscription. — Avantages conférés par ces cartes. — Des certificats d'inscription.*

### § 1er. *Forme des inscriptions.*

19. — Toute personne aspirant aux grades que les Facultés de droit sont chargées de conférer doit, afin

de pouvoir justifier du temps d'études exigé par les règlements, inscrire *elle-même* ses nom, prénoms, âge et lieu de naissance sur un registre ouvert à cet effet au secrétariat de la Faculté dont elle veut suivre les cours.

20. — Les inscriptions sont prises de suite sans aucun blanc. Elles sont signées de l'étudiant (1). En cas de maladie l'empêchant de se rendre au secrétariat pour y prendre son inscription, l'étudiant n'est pas autorisé à se faire représenter par un mandataire, mais il peut obtenir, en s'adressant au doyen ou au secrétaire, que le registre des inscriptions lui soit apporté à son domicile. Aucun droit n'est exigé pour ce transport (2).

### § 2. *Époques auxquelles doivent être prises les inscriptions.*

21. — Le registre des inscriptions est ouvert de 9 heures à 2 heures pour l'année scolaire 1882-1883, aux dates suivantes :

1er trimestre, du 20 octobre au 6 novembre.

2e trimestre, du 3 au 15 janvier.

3e trimestre, du 1er au 15 avril.

4e trimestre, du 15 au 30 juin.

22. — Lorsque le jour fixé pour la clôture des inscriptions se trouve être un dimanche ou un jour férié, les registres ne sont fermés que le lendemain.

Légalement, on ne peut commencer l'étude du droit

---

(1) Décret du 4e jour compl. an XII, art. 27.

(2) Cet usage est tombé en désuétude dans la Faculté de Paris. Dans ce cas, l'étudiant qui justifie de cette cause d'empêchement peut obtenir l'autorisation de prendre une inscription extraordinaire.

qu'au commencement du premier trimestre de l'année scolaire. Toutefois, le ministre peut, pour des motifs graves, après avis de la Faculté, accorder l'autorisation de prendre cumulativement *les deux premières inscriptions* au deuxième trimestre. En aucun cas, la scolarité ne peut être commencée après le 15 janvier. *Aucune dispense ne sera accordée* (1).

Les étudiants qui n'ont passé l'examen de fin d'année qu'à la session de novembre peuvent prendre la cinquième ou la neuvième inscription, jusqu'au 30 novembre (2).

§. 3. *Cas exceptionnels où les inscriptions peuvent être prises après la clôture du registre.*

23. — Nul ne peut être admis à prendre une inscription après la clôture du registre, sans une autorisation spéciale de M. le ministre de l'instruction publique. Toutefois, il est fait deux exceptions à cette règle pour le premier trimestre :

1° Les engagés conditionnels d'un an qui terminent leur volontariat le 8 novembre, peuvent prendre l'inscription du premier trimestre jusqu'au 15 novembre, et, dans les Facultés de province, jusqu'au 20 ;

2° Les jeunes gens qui n'ont obtenu le diplôme de bachelier que dans la session de novembre, sont admis

(1) Décret du 25 décembre 1880. — Cet article modifie un état de choses qui s'était établi contrairement aux dispositions des articles 3 et 4 du statut du 9 avril 1825. De nombreuses autorisations de prendre la première inscription étaient accordées au cours de l'année, au grand préjudice des études. — Désormais aucune autorisation de ce genre ne sera accordée.

(2) Décret du 25 décembre 1880, art. 8.

à prendre leur première inscription jusqu'à la fin de ladite session (1).

### § 4. *Des inscriptions cumulatives ou rétroactives.*

24. — Lorsqu'un étudiant a négligé de prendre une ou plusieurs inscriptions, il peut en obtenir la concession à titre rétroactif. La demande qui est adressée au ministre à cet effet, *et généralement toutes les autres demandes*, doivent, sous peine d'être considérées comme non avenues, être écrites sur une feuille de papier timbré de *soixante centimes*.

25. — MODÈLE DE PÉTITION. — Cette pétition peut être rédigée de la manière suivante :

*A Monsieur le Ministre de l'Instruction publique.*

> *Monsieur le Ministre,*

*J'ai l'honneur de vous prier de vouloir bien m'accorder l'autorisation de prendre cumulativement à la Faculté de droit de Paris, les... inscriptions que je n'ai pas pu prendre dans les délais réglementaires, en ayant été empéché par... (suit le motif) ainsi que l'attestent les pièces justificatives ci-jointes.*

*Agréez, Monsieur le Ministre, l'expression de mes sentiments respectueux.*

> *Auguste Paragot, étudiant en droit,*
> *176, rue Saint-Jacques, Paris.*

### § 5. *Formalités à remplir pour prendre la première inscription.*

26. — PIÈCES A DÉPOSER. — Tout étudiant qui se présente pour prendre sa première inscription dans

_______

(1) Arrêté du 28 avril 1877.

une Faculté de droit, est tenu de déposer au secrétariat les pièces suivantes :

1° Une expédition de son acte de naissance légalisée par le juge de paix ou le président du tribunal constatant qu'il est âgé au moins de seize ans accomplis.

2° S'il est mineur, le consentement de ses parents ou tuteur à ce qu'il suive les cours de la Faculté. Ce consentement est constaté par un acte légalisé, indiquant la profession et le domicile actuel desdits parents ou tuteur, dans le cas où ils ne se présentent pas eux-mêmes au secrétariat.

3° Son diplôme de bachelier ès lettres, ou provisoirement un certificat d'admission à ce grade, visé par le recteur de l'Académie dans laquelle il a été reçu ; si cette Académie est autre que celle où l'étudiant prend sa première inscription ce certificat devra, en outre, être visé par le recteur de cette dernière Académie.

27. — Les étudiants qui n'aspirent qu'à obtenir le *certificat de capacité*, exigé pour être titulaire d'un office d'avoué, ne sont pas tenus de produire le diplôme de bachelier ès lettres ; *mais les inscriptions prises par eux ne peuvent être converties en inscriptions pour le baccalauréat en droit* (1).

28. — Tout bachelier ès sciences qui a subi avec succès la première épreuve du baccalauréat ès lettres et qui a été déclaré admissible aux épreuves orales de l'examen pour l'École polytechnique ou l'École militaire de Saint-Cyr, peut prendre les *trois premières inscriptions* à la Faculté de droit, avant d'avoir subi la deuxième épreuve du baccalauréat ès lettres (2).

(1) Ordonnance du 13 juin 1830.
(2) Décret du 25 juillet 1874, art. 13.

**29.** — DÉCLARATIONS EXIGÉES.—L'étudiant est obligé, en s'inscrivant, de déclarer sa résidence réelle et de faire connaître le domicile actuel de ses père et mère, ou tuteur. Il doit déclarer également qu'il n'est pas en activité de service comme engagé conditionnel. (V. n° 41).

**30.** — PRÉSENTATION PAR UN RÉPONDANT. — Aux termes de l'article 6 du statut du 9 avril 1825, nul ne peut être admis à prendre d'inscription dans une Faculté siégeant dans une *ville autre que celle de la résidence de ses parents ou tuteur*, s'il n'offre pour répondant une personne domiciliée dans la ville où siège ladite Faculté, et cette personne est tenue d'inscrire elle-même son nom et son adresse sur un registre ouvert à cet effet au secrétariat.

**31.** — Les logeurs et maîtres d'hôtel garni ne peuvent se présenter comme répondants des étudiants, qu'autant qu'ils y sont autorisés, formellement et par écrit, par les familles de ces étudiants (1).

**32.** — Un libraire ne peut servir de répondant à plus de quatre élèves, à moins qu'il ne soit porteur d'une autorisation formelle des parents, donnée par écrit et dûment légalisée (2).

**33.** — L'étudiant est censé avoir son domicile de droit chez son répondant, en ce qui concerne ses rapports avec la Faculté. En conséquence, c'est chez lui que sont adressés tous les avis et notifications qui le concernent. En cas de mort ou de départ de ladite personne, l'étudiant est tenu d'en présenter une autre. Faute par lui de le faire, toutes les inscriptions qu'il a

(1) Arrêté du 19 décembre 1820; statut du 9 avril 1825, art. 7.
(2) Arrêté du 10 novembre 1843.

pu prendre depuis son décès ou son départ peuvent être annulées (1).

34. — ÉTUDIANTS ÉTRANGERS. — MM. les étudiants étrangers sont admis à prendre leur première inscription en produisant les certificats d'études et d'examens ou autres actes exigés dans leur pays, pour être reçu dans une Faculté de même ordre, après que lesdits certificats auront été reconnus *par délibération expresse* de la Faculté équivalents au diplôme français de bachelier ès lettres (2).

35. — Toutefois, ils ne peuvent jouir du bénéfice de la décision qui déclare leurs grades équivalents aux grades français correspondants, qu'après avoir acquitté intégralement les frais d'examen, de certificats d'aptitude et de diplôme qu'auraient payés les nationaux (3).

36. — Outre la dispense de la représentation du diplôme de bachelier ès lettres, les étudiants étrangers qui justifient d'études en jurisprudence jugées équivalentes à des études faites en France, peuvent obtenir la dispense d'un certain nombre d'inscriptions.

37. — Les étrangers ainsi admis dans une Faculté de droit de France sont, du reste, assujettis à la même discipline et aux mêmes conditions d'examens que les élèves nationaux.

38. — Les déclarations d'équivalence de grades en vue de l'étude du droit n'ont lieu ordinairement que pour le baccalauréat ès lettres français. Les équivalences des études juridiques étrangères avec les nôtres sont excessivement rares. Un Français qui aurait pris

(1) Statut du 9 avril 1825, art. 6.
(2) Arrêté du 24 juillet 1840.
(3) Décret du 22 août 1854, art. 5.

des grades dans une Université étrangère, ne serait pas admis à se prévaloir des dispositions favorables du décret de 1854, en vertu duquel les équivalences sont prononcées.

39. — Les étudiants étrangers qui veulent suivre les cours de la Faculté sans passer d'examens sont invités à se faire inscrire au secrétariat ; il leur sera délivré une carte d'auditeur bénévole. S'ils désirent obtenir un certificat constatant leur assiduité aux cours, ils devront, en outre :

1° Faire viser leur carte par les professeurs dont ils veulent suivre les cours.

2° Renouveler de trois mois en trois mois, pendant tout le temps de leur séjour, l'inscription par eux prise.

Les inscriptions sont reçues les mardis et mercredis de chaque semaine de 10 à 2 heures.

### § 6. *Dispositions relatives aux engagés conditionnels d'un an.*

40. — Les jeunes gens qui ont obtenu des diplômes de bachelier ès lettres ou de bachelier ès sciences sont admis, avant le tirage au sort, à contracter un engagement conditionnel d'un an. Le baccalauréat ès sciences restreint et le certificat de capacité en droit ne sont pas considérés comme les équivalents des diplômes de bachelier ès lettres ou de bachelier ès sciences, et ne suffisent pas pour dispenser de l'examen du volontariat.

*Conditions exigées.* — Ces conditions sont les suivantes :

1° Être porteur d'un des titres universitaires susmentionnés.

2° Avoir 18 ans accomplis.

3° Avoir la taille de 1 m. 54.

4° Présenter un certificat d'acceptation délivré par le commandant du dépôt de recrutement.

5° N'avoir pas concouru au tirage au sort et n'être pas lié au service dans les armées de terre et de mer.

6° Justifier du versement de la prestation de 1,500 francs.

7° Avoir le consentement de ses père, mère ou tuteur.

8° Enfin l'engagement ne peut être reçu que pour l'armée de terre.

*Formalités à remplir.* — Les jeunes gens, qui désirent contracter un engagement conditionnel d'un an pourront se renseigner pour tout ce qui concerne le volontariat auprès des autorités suivantes: généraux, préfets, sous-préfets, intendants, et sous-intendants militaires, chefs de légion et commandants de compagnie de gendarmerie, commandants des dépôts de recrutement.

Voici, du reste, les principales formalités à remplir :

1° Se présenter au commandant du dépôt de recrutement et se soumettre à la visite médicale.

2° Opérer le versement de la somme de 1,500 francs à Paris, à la caisse des Dépôts et consignations ; et, dans les départements, à la caisse des trésoriers-payeurs généraux ou des receveurs particuliers.

3° Faire viser le *récépissé et la déclaration de verse ment*, délivrés par les proposés de la caisse où s'opère le versement. Ces deux pièces doivent être visées : à Paris, *immédiatement*, par le préposé de la caisse des Dépôts et consignations, et, dans les départements, par le préfet, dans le délai de vingt-quatre heures.

4° Se présenter de nouveau devant le commandant du dépôt de recrutement pour être soumis à une nouvelle visite et désigner le corps dans lequel on demande à servir. On doit être porteur du certificat d'acceptation, délivré lors de la première visite. Les jeunes gens qui ne se présenteraient pas à la deuxième visite s'exposeraient à être renvoyés à l'année suivante, et même à ne pouvoir plus contracter l'engagement conditionnel d'un an, s'ils étaient dans l'année qui précède le tirage au sort de leur classe.

5° Se présenter, porteur du certificat d'acceptation, complété lors de la seconde visite, devant l'officier de l'état civil, pour signer l'acte d'engagement. Cet engagement doit être souscrit *au plus tard l'année qui précède le tirage au sort.*

*Exemption de versement.* — Les jeunes gens qui sont hors d'état d'effectuer le versement exigé doivent adresser au préfet une demande d'exemption. Cette demande doit être accompagnée : 1° d'un certificat constatant la position de famille de l'intéressé, délivré par le maire de sa commune ; 2° d'un relevé du rôle des contributions à la charge de sa famille ou à la sienne. Cette demande ne peut-être reçue que si l'impossibilité de satisfaire aux obligations imposées par l'article 55 est établie par une *délibération du conseil municipal, saisi d'urgence par le préfet.* Le préfet prononce, au nom du ministre de la guerre, sur l'avis de la commission départementale. Il ne peut être accordé plus d'une exemption pour cent engagés.

*Sursis d'appel.* — Dans l'année qui précède l'appel de leur classe, les jeunes gens qui n'ont pas terminé leurs études de la Faculté ou des écoles auxquelles ils appartiennent, et qui voudraient les achever dans un laps de

temps déterminé, *peuvent, tout en contractant l'engage-*
*ment d'un an, obtenir de l'autorité militaire un sursis*
avant de se rendre au corps pour lequel ils se sont
engagés. La demande de sursis doit être adressée au
général commandant la subdivision, immédiatement
après l'engagement. Elle doit être accompagnée d'un
certificat délivré par le doyen de la Faculté dont ils
suivent les cours. Ce certificat doit établir leur situation
scolaire et déterminer les délais réglementaires qui
restent à courir pour qu'ils puissent achever leurs
études. L'engagé qui a obtenu un sursis est tenu de
produire chaque année, au mois de novembre, au commandant du dépôt de recrutement, un certificat du
doyen de la Faculté attestant qu'il est toujours en cours
d'études. Faute d'avoir produit ce certificat, il est mis
en route avec les engagés conditionnels de l'année. Les
sursis peuvent être renouvelés par l'autorité militaire
jusqu'à ce que l'engagé ait accompli sa vingt-quatrième
année, mais il ne saurait dépasser cette limite.

Les engagés conditionnels qui ont obtenu un sursis
peuvent être tenus, quel que soit leur âge, de rester
une deuxième année sous les drapeaux, s'ils ne satisfont
pas à l'examen qu'ils doivent subir à la fin de l'année,
— Les engagés qui ont obtenu l'autorisation de pour-
suivre leurs études sont disponibles en cas de guerre.

### § 7. *Suspension du cours des inscriptions pendant l'année du volontariat. Déclaration à faire.*

41. — Dans le but de faciliter l'acclimatation de l'institution du volontariat, l'usage s'était introduit d'autoriser les volontaires à prendre des inscriptions pendant
leur année de service. Cet usage ayant produit des
inconvénients sérieux et jeté la perturbation dans les

études juridiques, le décret du 25 décembre 1880 a décidé que le cours des inscriptions serait suspendu pendant le temps passé sous les drapeaux dans l'armée active par les engagés conditionnels d'un an. — Tout étudiant doit, lors de chaque inscription, déclarer qu'il n'est pas en activité de service comme engagé conditionnel d'un an. — Les déclarations fausses entraînent l'application des peines établies par les articles 6 et 8 du statut du 9 avril 1825 (1).

### § 8. *Des inscriptions aux cours de la Faculté des lettres.*

42. — L'article 3 de la loi du 18 mars 1880, qui accorde la gratuité des inscriptions n'a pas abrogé l'article 13 du décret du 10 avril 1852 qui oblige les étudiants de la Faculté de droit à s'inscrire chaque année à deux cours de la Faculté des lettres. La mesure prescrite par la loi de 1880 est exclusivement fiscale, et ne saurait avoir pour résultat de modifier des dispositions d'ordre purement scolaire. En conséquence, tous les étudiants, à l'exception des aspirants au doctorat et au certificat de capacité, et de ceux qui sont déjà pourvus du diplôme de licencié ès lettres, doivent se faire inscrire, chaque trimestre, à deux cours de la Faculté des lettres (2). Un registre est ouvert, à cet effet, à la Faculté des lettres, qui délivre, s'il y a lieu, des certificats d'assiduité, sans lesquels l'étudiant ne peut subir ses examens (3). A Paris, un employé de la Faculté

_____

(1) Ces peines sont *l'annulation des inscriptions prises.* Elles sont infligées après délibération de la Faculté.
(2) Décret du 10 avril 1852, art. 13.
(3) Arrêté et circulaire du 29 octobre 1852.

des lettres se transporte, chaque trimestre, au secrétariat de la Faculté de droit pour y recevoir ces inscriptions.

43. — MM. les étudiants peuvent remplacer l'un des cours qu'ils sont tenus de suivre à la Faculté des lettres par un cours de la Faculté de théologie ou par un cours de la Faculté des sciences. Ils doivent, dans ce cas, s'inscrire, soit à la Faculté des sciences, soit à la Faculté de théologie, sur la représentation du certificat constatant leur inscription à la Faculté des lettres (1).

44. — Il est permis de faire compter pour l'admission aux examens de la licence ès lettres, les inscriptions prises par les étudiants en droit à la Faculté des lettres, conformémemt aux prescriptions du décret du 10 avril 1852.

### § 9. *Conditions exigées pour être admis à prendre de nouvelles inscriptions.*

45. — Aux termes d'une circulaire ministérielle du 12 novembre 1853, les étudiants ne sont admis à prendre de nouvelles inscriptions qu'après avoir justifié:

1° De leur assiduité aux cours du trimestre écoulé ;

2° De leur assiduité aux cours de la Faculté des lettres ;

En conséquence, lorsqu'un professeur refuse le *certificat de fréquence* pour le trimestre écoulé, l'inscription de ce trimestre est considérée comme non avenue et l'étudiant doit la reprendre s'il veut continuer ses études (2).

(1) Décret du 24 août 1854, art. 7.

(2) Cette disposition n'est pas en vigueur dans la Faculté de Paris.

### § 10. *Concordance des inscriptions avec les examens.*

46. — Les étudiants ne sont admis à prendre leur cinquième inscription, qu'après avoir subi le premier examen du baccalauréat. — Ils ne peuvent prendre la neuvième inscription qu'après avoir subi le second examen de baccalauréat. — Toutefois, les étudiants qui n'ont passé l'examen de fin d'année qu'à la session de novembre peuvent prendre la cinquième ou la neuvième inscription jusqu'au 30 novembre (I).

### § 11. *Péremption des inscriptions*

47. — Deux ans après la dernière épreuve passée avec succès, les inscriptions prises depuis cette épreuve sont périmées, s'il n'a été subi aucun examen dans l'intervalle. Le bénéfice de l'examen subi avec succès reste toujours acquis.

Les inscriptions sont périmées deux ans après une épreuve suivie d'ajournement si cette épreuve n'a pas été renouvelée dans ce délai.

Elles sont périmées deux ans après l'époque où l'examen en vue duquel elles ont été prises aurait dû être passé si cet examen n'a pas été subi.

Le temps passé sous les drapeaux, en cours d'étude, n'est pas compté dans le délai entraînant la péremption des inscriptions (2).

(1) Décret du 25 décembre 1880 (art. 7 et 8).
(2) Décret du 25 décembre 1880 (art. 13). — Bien que l'article 13 du décret déclare cette disposition exécutoire, à partir du jour de la promulgation, il est évident qu'elle ne saurait avoir d'effet rétroactif, puisqu'elle édicte une pénalité. La péremption n'aura lieu qu'à partir du 29 décembre 1882. Tel est l'avis de la Faculté de droit de Paris.

## § 12. *Changement de domicile.*

48. — Tout changement survenu pendant l'année scolaire :

1° Quant au domicile et à l'adresse des père, mère ou tuteur de l'étudiant ;

2° Quant au domicile de l'étudiant lui-même, lorsqu'il est majeur ou émancipé.

3° Quant à la résidence à Paris, si elle est distincte de son domicile ;

4° Enfin, quant au domicile et à l'adresse de son répondant, doit être déclaréei mmédiatement au secrétariat.

49. — Toute omission d'une déclaration prescrite par les règlements, et, à plus forte raison, toute fausse déclaration, pourra être punie par la privation d'une ou plusieurs inscriptions.

## § 13. *Changement de Faculté.*

50. — Les études de droit commencées dans une Faculté peuvent être continuées dans une autre, moyennant l'observation des formalités suivantes :

1° L'étudiant doit produire outre les pièces énumérées plus haut, un *certificat de scolarité*, délivré par le doyen et visé par le recteur. Il doit s'adresser pour l'obtention de ce certificat au secrétariat de la Faculté qu'il a l'intention de quitter. Ce certificat, accompagné d'un dossier, indiquant la situation scolaire de l'étudiant quant au nombre des inscriptions prises, des examens subis et des boules obtenues, est transmis directement par le recteur de l'Académie dans le ressort de laquelle l'étudiant a commencé ses études, au doyen de la Faculté dans laquelle il désire les continuer.

2° Si l'étudiant a déjà subi avec succès un ou plusieurs examens, il doit, en prenant son inscription dans
la nouvelle Faculté, déposer au secrétariat les certificats d'aptitude ou les diplômes qu'il a obtenus.

3° Si l'étudiant a été refusé à un examen, il lui faut,
en outre, une autorisation spéciale, pour être admis à
soutenir le même examen dans une autre Faculté. Cette
autorisation lui est donnée par le recteur de l'Académie
dans le ressort de laquelle il a été examiné (1).

### § 14. *Passage d'une Faculté libre dans une Faculté de l'État et réciproquement*

51. — Tout élève d'une Faculté libre peut passer dans
dans une Faculté de l'État et réciproquement, en obser-
servant les mêmes conditions (2). Toutefois, le candidat
ajourné devant une Faculté de l'État ne pourra passer
dans une Faculté libre sans en avoir obtenu l'autorisation du ministre de l'instruction publique. L'infrac-
tion à cette disposition entraînerait la nullité du diplôme
ou du certificat obtenu (3).

### § 15. *Inscription prise pour un autre.*

52. — Tout étudiant convaincu d'avoir pris une inscription pour un autre étudiant peut, par délibération
de la Faculté qui n'est susceptible d'aucun recours, être
puni de la *perte de toutes les inscriptions prises par lui,
soit dans la Faculté où le délit a été commis, soit dans toute
autre* (4).

(1) Arrêtés du 1er octobre 1813 et du 25 octobre 1830, art. 2.
(2) Arrêté ministériel du 24 novembre 1875.
(3) Loi du 12 juillet 1875, art. 14.
(4) Statut du 9 avril 1825, art. 12.

### § 16. *Avis donné aux parents des étudiants qui n'ont pas pris d'inscription.*

53. — Au commencement de chaque trimestre, le doyen adresse, aux parents ou tuteurs des étudiants qui n'ont pas pris l'inscription courante, un bulletin constatant cette omission (1). L'envoi des bulletins a lieu au commencement du mois de mars et à la fin du mois d'août.

### § 17. *Des cartes d'inscription.*

54. — Dans toutes les Facultés, il est délivré aux étudiants des *cartes d'inscription*, dont ils devront être porteurs lorsqu'ils se présenteront aux cours (2). Ces cartes ne sont valables que pour l'année scolaire dans laquelle elles ont été délivrées. Elles doivent être visées ou remplacées par de nouvelles cartes, au commencement de chaque année scolaire.

### § 18. *Avantages que confèrent les cartes d'étudiants.*

55. — La présentation de leur carte confère divers avantages à MM. les étudiants. Parmi ces avantages nous citerons les suivants :

1° Les étudiants en cours d'études qui habitent sur le parcours de la compagnie du chemin de fer de l'Est et du chemin de fer de l'Ouest, obtiennent de ces Compagnies, sur la présentation d'un certificat du secrétaire de la Faculté, une réduction de moitié prix sur le montant des abonnements.

(1) Arrêté du 26 octobre 1838, art. 4.
(2) Statut du 9 avril 1825, art. 2.

2° Aux premières représentations du théâtre de l'Odéon, trente places au parterre sont réservées aux étudiants.

8° Les libraires et les éditeurs de musique ont l'habitude de faire aux étudiants, sur la présentation de leur carte, une remise plus forte qu'aux autres personnes (1).

### § 19. *Des certificats d'inscriptions.*

56. — Le secrétaire de la Faculté délivre gratuitement aux étudiants, lorsqu'ils ont besoin d'en justifier, un certificat de leurs inscriptions, visé par le doyen (2). Ce certificat leur est utile, notamment pour faire valoir devant une Faculté les inscriptions prises dans une autre (V. n° 50), et pour obtenir de l'autorité militaire un sursis d'appel (V. n° 40).

Ces certificats ne peuvent être délivrés aux élèves refusés que lorsqu'ils ont été autorisés à se présenter à l'examen dans une autre Faculté (3).

## CHAPITRE IV.

### DES COURS ET DES CONFÉRENCES.

SOMMAIRE. — *Ouverture des cours.* — *Des différents cours.* — *Des cartes d'inscription.* — *Des cartes d'admission.* — *Des appels.* — *Des dispenses d'assiduité.* — *De la police des cours.* — *Des conférences.* — *Des vacances et congés.*

(1) Indépendamment de cette remise, la librairie Marescq aîné, 20, rue Soufflot, donne en prime un exemplaire du présent *Guide*, à tout étudiant qui fera un achat de *trente francs de livres au comptant* (*Note de l'éditeur*).

(2) Décret du 4e jour compl. an XII, art. 32.

(3) Arrêtés du 1er octobre 1813 et du 25 octobre 1839, art. 2

## § 1er. *Ouverture des cours.*

57. — Les cours de la Faculté de droit de Paris pour l'année scolaire 1882 à 1883, commenceront le 3 novembre, aux jour, lieux et heures indiqués dans les affiches apposées à la Faculté et à la vitrine de tous les libraires de la rue Soufflot. En province, l'ouverture annuelle des cours varie suivant les Facultés. Il y a pour la rentrée une séance solennelle à laquelle sont tenus d'assister tous les professeurs et agrégés et qui est présidée par le doyen de la Faculté ou par le recteur de l'Académie (1). C'est dans cette séance qu'a lieu la distribution des prix, médailles et mentions honorables obtenus à la suite des concours qui existent dans les divers Facultés. La date en est indiquée par un arrêté du recteur.

58. — La mesure qui prescrit une séance solennelle de rentrée n'est pas applicable à Paris (2). La distribution des prix a lieu ordinairement le 1er août dans l'ancien amphithéâtre.

## § 2. *Des différents cours.*

59. — Le nombre des cours varie, dans chaque Faculté, suivant l'importance de cette Faculté. A Paris, il y a actuellement vingt-et-une chaires, savoir :

> Cinq chaires de droit romain (y compris la chaire de Pandectes).
> Six chaires de Code civil.

_______

(1) Arrêté du 26 novembre 1838, art. 1er.
(2) Décision du 6 novembre 1838.

Une chaire de procédure civile.

Une chaire de droit criminel et de législation comparée.

Une chaire de législation criminelle et de procédure criminelle.

Une chaire d'histoire du droit français.

Une chaire de droit commercial.

Une chaire de droit administratif.

Une chaire de droit international privé.

Une chaire de droit des gens.

Une chaire d'histoire de droit romain et de droit français.

Une chaire de droit coutumier.

Une chaire de droit constitutionnel.

Une chaire d'économie politique.

60. — MM. les agrégés sont, en outre, chargés d'un certain nombre de cours complémentaires qui ont été rendus nécessaires par le dédoublement de quelques-uns des cours ordinaires ou par la création de cours nouveaux. Ces cours sont :

1° Un second cours de procédure.

2° Un second cours de droit commercial.

3° Un second cours de droit administratif.

4° Un cours de science financière.

5° Un cours de législation industrielle.

61. — Dans les autres Facultés, il existe, en général, deux chaires de droit romain, trois chaires de droit civil, une chaire de droit criminel, une chaire de procédure civile, une chaire de droit administratif, une chaire de droit commercial.

— En outre, dans la plupart des Facultés, il y a des *cours complémentaires* à l'usage des aspirants au doctoral. — De plus, l'art. 4 du décret du 25 décembre 1880 a établi, pour toutes les Facultés de droit, deux nouveaux cours :

1° En première année, un cours d'histoire générale du droit français public et privé ;

2° En troisième année, un cours de droit international privé.

### § 3. *Des cartes d'inscription* (1).

62. — Chaque étudiant, en s'inscrivant, doit déclarer quel professeur il désire suivre pour chaque partie de l'enseignement. Toutefois, il ne peut y avoir plus de 500 élèves inscrits pour chacun des cours qui ont deux professeurs. A cet effet, lorsque les inscriptions prises pour suivre un professeur s'élèveront à ce nombre, les inscriptions suivantes ne pourront être prises que pour le cours de l'autre professeur. MM. les étudiants qui désirent suivre le cours de tel ou tel professeur doivent donc s'empresser de se faire inscrire. Nous avons déjà dit (V. n° 54) qu'il est délivré à tout étudiant qui s'inscrit une *carte d'inscription* dont il doit être porteur lorsqu'il se présente au cours. Ces cartes sont signées du doyen, du secrétaire et de l'étudiant. Elles ne sont valables que pour l'année scolaire dans laquelle elles ont été délivrées. Elles doivent être remplacées par de nouvelles cartes au commencement de chaque année. Tout étudiant qui, n'ayant point été inscrit pour un cours, voudrait le suivre ou y assister, doit obtenir

(1) Arrêté du 9 octobre 1819, art. 5 ; statut du 9 avril 1825 ; art. 17 et 18.

2.

à cet effet une permission du doyen, délivrée par écrit (1).

### § 4. *Des cartes d'admission* (2).

63. — Les cours sont publics ; cependant, par mesure d'ordre, toute personne qui désire suivre les exercices d'une Faculté doit faire la demande d'une carte *d'auditeur bénévole*. A cet effet, il est établi dans chaque Faculté un registre coté et paraphé par le doyen. Les personnes qui désirent obtenir une carte d'admission doivent inscrire ou faire inscrire sur ce registre leurs nom, prénoms, âge, lieu de naissance, domicile et résidence. Chaque demande inscrite sur le registre est signée du requérant et reçoit un numéro. Les inscriptions sont faites sans frais. Les cartes d'admission sont signées du doyen, du secrétaire de la Faculté et du requérant. Elles sont timbrées du sceau de la Faculté et portent un numéro correspondant à celui sous lequel la demande a été enregistrée. Comme les cartes d'inscription, elles ne sont valables que pour l'année scolaire dans laquelle elles ont été délivrées (3).

### § 5. *Des appels* (4).

64. — Tout professeur de Faculté est tenu de faire, au moins deux fois par mois, l'appel des étudiants

---

(1) Cette disposition n'est pas applicable à la Faculté de Paris.
(2) Statut du 9 avril 1825, art. 13, 14, 15, 18 et 22.
(3) A Paris, les cartes d'auditeur bénévole ne sont pas en usage. Toute personne, à l'exception des femmes qui ne font pas leur droit, peut suivre les cours sans autorisation.
(4) Statut du 9 avril 1825, art. 23 à 26.

inscrits et qui doivent suivre ses cours, en vertu des règlements. Si le nombre des étudiants est trop considérable pour que l'appel puisse être général, le professeur doit faire, à chaque leçon, des appels particuliers, de manière que chaque étudiant soit appelé au moins deux fois par mois et qu'aucun d'eux ne puisse prévoir le jour où il sera appelé.

Tout étudiant convaincu d'avoir répondu pour un autre perd une inscription.

Tout étudiant qui manque à l'appel deux fois dans un trimestre et dans le même cours, sans excuse valable et dûment constatée, ne peut recevoir de certificat d'assiduité du professeur de ce cours.

Les appels n'ont point lieu à la Faculté de Paris (1).

## § 6. *Dispenses d'assiduité* (2).

65. — Nul ne peut se faire dispenser de l'assiduité aux cours, s'il ne justifie, par des pièces authentiques, qu'il est attaché à une administration publique, ou que ses parents sont retenus à l'étranger ou dans les colonies par des fonctions publiques. La demande de dispense doit être adressée à M. le recteur de l'Académie par l'intermédiaire de M. le doyen et renouvelée chaque année.

## §7. *De la police des cours* (3).

66. — Tout étudiant qui aura donné à un étudiant d'un autre cours ou à une personne étrangère à la

(1) Lettre du ministre de l'instruction publique du 5 juin 1832.
(2) Instruction du 20 décembre 1874.
(3) Statut du 9 avril 1825, art. 19, 20, 21 et 30.

Faculté sa carte d'inscription, encourra la perte d'une ou plusieurs inscriptions, ou même son exclusion de la Faculté, si cette transmission a servi à produire du désordre.

Tout auditeur bénévole qui aura prêté sa carte d'admission en sera privé et sera exclu des cours pendant l'année au moins. En cas de trouble occasionné par le porteur d'une carte, sa carte sera annulée.

Toutes les fois qu'un cours viendra à être troublé, le professeur fera immédiatement sortir les auteurs du désordre, et les signalera au doyen, pour qu'il soit provoqué contre eux telle peine que de droit. S'il ne parvient pas à les connaître, et qu'un rappel au bon ordre n'ait pas suffi pour le réaliser, la séance sera suspendue et renvoyée à un autre jour. Si le désordre se reproduit aux séances subséquentes les élèves de ce cours encourront, *à moins qu'ils ne fassent connaitre les coupables, la perte de leurs inscriptions,* sans préjudice de peines plus graves, si elles devenaient nécessaires (1).

Il est défendu à tous autres qu'aux professeurs de prendre la parole dans les auditoires ainsi que dans l'enceinte des Facultés. Tout étudiant qui contreviendra à cette défense sera rayé des registres de la Faculté à laquelle il appartient, et ne pourra prendre d'inscription dans aucune autre Faculté avant une année révolue (2).

### § 8. *Des conférences.*

67. — Conférences pour le baccalauréat, la

---

(1) Ces dispositions, qui encourageaient l'esprit de délation, sont, heureusement, tombées en désuétude.
(2) Statut du 9 avril 1825, art. 32 et 33.

LICENCE ET LE DOCTORAT. — Dans toutes les Facultés, il existe, indépendamment des cours qui sont obligatoires, des conférences facultatives pour le baccalauréat, la licence et le doctorat, faites par les agrégés. Ces conférences ont pour objet la revision des cours. Elles portent sur le développement et l'application des principes exposés dans les leçons orales et donnent lieu à des interrogations. Elles constituent ainsi le plus sûr auxiliaire de l'enseignement et la meilleure préparation aux examens.

68. — Aux termes de l'art. 11 du nouveau décret, les professeurs titulaires peuvent ouvrir dans les salles de la Faculté, des conférences spéciales sur les matières de leur enseignement. — Ces conférences seront gratuites.

69. — CONFÉRENCES POUR L'AGRÉGATION. — Des exercices spéciaux, préparatoires aux concours de l'agrégation, sont organisés sous la direction d'un agrégé. — Ces exercices ont lieu deux fois par semaine dans le troisième amphithéâtre.

### § 9. *Des vacances et congés* (1).

70. — Pendant la durée de l'année classique, il n'y a d'autres interruptions des cours que celles qui sont prévues par les règlements ou autorisées expressément par l'Université.

Les vacances commencent ordinairement du 7 août au 15 août et se terminent le 3 novembre.

______

(1) Décret du 10 avril 1806. art. 1er ; décisions du 3 avril et du 23 mai 1808 ; arrêté du 26 octobre 1838, art. 9.

Les cours sont suspendus, à Paris :

1º Pendant les jours de fêtes légales (*Noël, Ascension, Assomption, Toussaint*, 14 *juillet*).

2º Le 1ᵉʳ et le 2 janvier ;

3º Les lundis et mardis gras et le mercredi des Cendres ;

4º Pendant les vacances dites de Pâques, qui commencent le mercredi saint et se terminent le mercredi de la semaine de Pâques ;

5º Pendant la semaine de la Pentecôte.

# CHAPITRE V.

## RENSEIGNEMENTS GÉNÉRAUX SUR LES EXAMENS.

SOMMAIRE. — *Des consignations. — Mode de consignations. — Époques des consignations. — Du retrait des sommes consignées. — Remboursement des consignations aux héritiers des étudiants décédés. — Régime nouveau des examens. — Époque des examens. — Droit d'option entre l'ancien et le nouveau régime. — Formalités à remplir pour subir une épreuve dans une Faculté dont on n'a pas suivi les cours. — Mesures prescrites à l'effet d'empêcher les étudiants de se faire examiner les uns à la place des autres. — De l'étudiant qui ne se présente pas. — De l'étudiant qui se retire. — Expression des suffrages. — Des ajournements. — Du délai d'ajournement. — Restitution des droits en cas d'ajournement. — Des saisies-arrêts sur les consignations.*

### § 1ᵉʳ. *Des consignations.*

71. — MODE DE CONSIGNATION. — Les consignations sont faites au secrétariat aux époques indiquées plus loin (V. nº 72). — A la différence des inscriptions, qui

doivent être prises par l'étudiant en personne, les consignations peuvent être opérées par toute personne pour le compte des étudiants. La quittance de la somme payée est délivrée au nom de la partie versante, qui seule a qualité pour recevoir le remboursement de cette somme. Nous rappelons à MM. les étudiants que depuis le 1er janvier 1880 les pièces divisionnaires italiennes, ainsi que les pièces pontificales, sont rigoureusement refusées par toutes les caisses publiques.

72. — ÉPOQUES DES CONSIGNATIONS. — Le secrétariat sera ouvert pour les consignations relatives aux examens de capacité, de baccalauréat et de licence, les *lundis, mardis, mercredis* de 9 heures à midi, du 13 juin au 29 juin inclusivement. Les consignations pour les examens de doctorat seront reçues les mardis et mercredis, de 9 heures à midi, du 17 mai au 1er juin inclusivement (1). Les consignations pour les examens passés d'après le *régime ancien* seront reçues chaque semaine, les *mardis et mercredis*, de 10 à 2 heures, pour les examens de la semaine suivante. Les consignations pour les examens à subir par les engagés conditionnels, seront reçues les 20 et 21 octobre. Ne seront admis à se présenter que les étudiants qui justifieront par une pièce officielle, qu'ils devront faire leur volontariat pendant l'année scolaire 1882-1883.

L'étudiant pourra faire connaître l'époque à laquelle il désire passer son examen, et il sera fait droit à cette indication, autant que le permettront l'ordre du service et les inscriptions antérieures. Avis du jour fixé lui

_______________

(1) Ces dates peuvent être modifiées. Dans le courant du mois d'avril, des affiches particulières annoncent, pour chaque nature d'épreuves, les jours auxquels les consignations sont reçues.

sera donné par lettre non-affranchie, quatre jours avant l'examen.

Les droits de certificat ou de diplôme sont consignés en même temps que les droits du dernier examen.

73. — Du retrait des sommes consignées. — Lorsqu'un étudiant renonce à subir une épreuve (*examen* ou *thèse*), les sommes qu'il a consignées ne peuvent lui être restituées que sur une permission écrite du doyen. Cette permission ne s'accorde que pour des motifs très graves. Si la somme consignée l'a été par une autre personne que par l'étudiant, la partie versante peut seule en opérer le retrait (V. n° 71). En cas d'ajournement, la somme consignée pour les droits de diplôme et de certificat d'aptitude est restituée suivant le même mode (1).

Si un étudiant obtient la remise après avoir consigné les droits, la consignation lui est restituée (2).

74. — Remboursement des consignations aux héritiers des étudiants décédés. — Le payement de toute somme revenant aux héritiers ne peut être effectué que sur la production :

1° D'un extrait d'intitulé d'inventaire ;

2° De l'acte de décès de l'étudiant;

3° Du titre de créance, c'est-à-dire de la quittance délivrée à l'étudiant (3).

### § 2. *Régime nouveau des examens.*

75. — Deux réformes importantes ont été opérées sur ce point : l'une par le décret du 25 décembre 1880, rela-

----

(1) Pour les formalités, voir le n° 96.
(2) Règlement du 27 novembre 1838, art. 62.
(3) Arrêté du 19 novembre 1830.

tif à la licence; l'autre par celui du 20 juillet 1882, re-
latif au doctorat.

76. — LICENCE.—Chaque étudiant subit, à la fin de l'an
née scolaire, un examen portant sur toutes les matières
enseignées pendant l'année. Le deuxième examen confère le grade de bachelier en droit; le troisième, celui
de licencié en droit.

Les trois examens sont divisés en deux parties, subies
chacune, à deux jours consécutifs, devant un jury composé de trois examinateurs.

Ils portent sur les objets suivants :

### 1re année (1er de baccalauréat).

1re partie. Droit romain.
— Histoire générale du droit français.
2e partie. Code civil.
— Droit criminel.

### 2e année (2e de baccalauréat).

1re partie. Droit romain.
— Économie politique.
2e partie. Code civil.
— Procédure civile.

### 3e année (Examen de licence).

1re partie. Droit administratif.
— Droit commercial.
2e partie. Code civil.
— Droit international privé.

Chaque partie de l'examen donne lieu à trois suffrages. Chacune des matières de l'épreuve fait nécessairement l'objet d'une interrogation; une troisième in-

terrogation porte, au gré du troisième examinateur, sur l'une ou l'autre de ces matières.

77. — DOCTORAT. — Les licenciés en droit doivent, pour obtenir le grade de docteur, subir trois examens et soutenir un acte public.

Les examens portent sur les objets suivants :

### *Premier examen.*

1° Droit romain.
2° Histoire du droit romain.
3° Une interrogation sur les Pandectes.

### *Deuxième examen.*

1° Droit civil français.
2° Histoire du droit français.

### *Troisième examen.*

1° Droit constitutionnel.
2° Deux matières choisies librement par le candidat parmi celles qui font l'objet d'un cours dans la Faculté.

L'acte public porte sur deux dissertations. Le sujet de l'une d'elles porte toujours sur un sujet pris dans le droit romain.

### § 3. *Époque des examens.*

78. — LICENCE. — L'examen de première année doit être subi *après la quatrième inscription et avant la cinquième;* l'examen de seconde année, *après la huitième inscription et avant la neuvième;* l'examen de troisième année ne peut être subi qu'après la *douzième inscription.*

A cet effet, il est tenu deux sessions ordinaires à la fin et au commencement de l'année scolaire, en juillet et en novembre; la date de l'ouverture des sessions est arrêtée par la Faculté sous l'approbation du recteur. Aucun examen isolé ou collectif ne peut avoir lieu *extra tempora.*

Tout étudiant doit, à moins d'une autorisation du recteur, qui n'est accordée que sur l'avis du doyen et pour cause grave, subir l'examen de fin d'année à la session de juillet; sont seuls admis à se présenter en novembre ceux qui ont été ajournés à la session de juillet ou autorisés à ne pas se présenter à cette session.

L'étudiant qui n'a passé à la session de novembre ni l'une ni l'autre des deux parties de l'examen de l'année scolaire précédente, soit qu'il n'ait pas subi les épreuves, soit qu'il ait été refusé, est *ajourné à la session de fin d'année de l'année suivante :* il ne peut prendre aucune inscription pendant le cours de cette année.

L'étudiant qui a été admis à une partie de l'examen, soit à la session de juillet, soit à celle de novembre, peut se présenter pour l'autre partie à une session spéciale qui a lieu au commencement de janvier; en cas d'admission, il peut prendre rétroactivement l'inscription de novembre conjointement avec celle de janvier; en cas d'ajournement, il est définitivement renvoyé à la fin de l'année scolaire, *avec suspension du cours des inscriptions.*

79. — DOCTORAT. — Les épreuves de doctorat peuvent être subies à toute époque de l'année scolaire, sauf les restrictions jugées nécessaires par la Faculté pour l'ordre général du service. — Le premier examen ne peut être subi qu'après la quinzième inscription prise. Le

deuxième et le troisième ne peuvent l'être qu'après la seizième.

### § 4. *Droit d'option entre l'ancien et le nouveau régime.*

80. — Licence. — Les étudiants qui ont pris leur première inscription avant l'année scolaire 1880-1881 et qui n'ont pas encore passé leur second examen, peuvent choisir entre le nouveau mode d'examen et le mode antérieur jusqu'à la fin de l'année scolaire 1882-1883. — Ceux qui ont passé leur second examen, et *a fortiori*, le troisième examen d'après l'ancien régime, ne jouissent pas de ce droit d'option. Ils restent soumis à ce régime pour les autres examens de licence.

Quant aux étudiants qui ont pris leur première inscription à partir de l'année scolaire 1880-1881, le régime nouveau des examens leur est immédiatement applicable. — A partir du 1er novembre 1884, le nouveau décret sera seul en vigueur.

81. — Doctorat. — Les dispositions du décret du 20 juillet 1882 sont exécutoires à partir du jour de la promulgation pour les étudiants qui n'ont pas encore subi avec succès le premier examen, qu'ils aient déjà pris ou non des inscriptions de doctorat. Les étudiants ayant à cette date subi le premier examen, mais non le second, pourront choisir entre le nouveau mode et le mode antérieur. A partir du 1er novembre 1884, le nouveau décret sera seul en vigueur.

### § 5. *Formalités à remplir pour subir une épreuve dans une Faculté dont on n'a pas suivi les cours.*

82. — En principe, tout étudiant doit soutenir l'examen de fin d'année devant la Faculté où il a pris les

deux dernières inscriptions de l'année courante. Tout élève ajourné doit se représenter devant la Faculté qui a prononcé l'ajournement. Il ne peut être dérogé à ces règles que par le recteur. L'étudiant qui désire obtenir cette autorisation doit produire à l'appui de sa demande, un certificat de bonne conduite et un certificat d'assiduité. Le certificat d'assiduité doit faire connaître si l'étudiant a déjà soutenu un ou plusieurs examens, et comment il les a soutenus (1).

Les épreuves du doctorat doivent être subies devant la Faculté où ont été prises les quatre inscriptions réglementaires, à moins d'une autorisation du recteur, qui ne peut être accordée que sur l'avis de cette Faculté.

§ 6. *Mesures prescrites à l'effet d'empêcher les étudiants de se faire examiner les uns à la place des autres.*

83. — Aux termes d'un arrêté du 16 mars 1832, le candidat, au moment de se faire examiner, appose sa signature, sur une feuille à ce destinée, en présence des examinateurs, lesquels doivent vérifier l'identité de la signature, en la rapprochant de celle de la feuille d'inscription qu'ils ont sous les yeux. Les étudiants doivent être prévenus chaque fois des suites que pourraient avoir pour eux, d'après les lois criminelles, les fausses signatures apposées à ces actes.

_______

(1) Arrêtés du 26 octobre 1838, art. 7 ; du 19 novembre 1839, art. 1er. — Décr. du 25 décembre 1880.

### § 7. *De l'étudiant qui ne se présente pas.*

81. — Tout étudiant qui, sans cause légitime dûment constatée, ne répond pas à l'appel de son nom au jour et à l'heure qui lui ont été fixés, perd le montant des droits d'examen qu'il a versés, et ne peut se représenter pour prendre jour qu'après le délai d'un mois, à compter du jour qui lui avait été indiqué précédemment (1). Les causes légitimes sont: 1° la maladie constatée par un certificat de médecin légalisé; 2° l'absence; 3° des affaires de famille. Ces deux dernières causes d'excuses doivent être appuyées également par des certificats.

### § 8. *De l'étudiant qui se retire.*

85. — Tout étudiant qui se retire, après que son examen aura été commencé, *sans y être autorisé par les examinateurs*, sera censé avoir reconnu lui-même son incapacité, et doit être assimilé à ceux dont le rejet a été prononcé (2).

L'examen est censé commencé pour tous les candidats du moment que l'un d'eux a commencé d'être interrogé. Les actes publics sont censés commencés du moment que le président a déclaré la séance ouverte (3).

(1) Délibération de la Faculté de Paris, du 13 mai 1824.
(2) Lettre du directeur de l'instruction publique, du 16 juillet 1825.
(3) Délibération de la Faculté de droit de Paris, du 7 juillet 1825.

### § 9. *Expression des suffrages*

86. — Les suffrages des examinateurs s'expriment par :

Une boule blanche (*très bien*).
Une boule blanche-rouge (*bien*).
Une boule rouge (*assez bien*).
Une boule rouge-noire (*médiocre*).
Une boule noire (*mal*).

87. — Le candidat qui a obtenu unanimité de *boules blanches* est proclamé *reçu avec éloge*, et mention du *scrutin* doit être faite sur le certificat qui lui est délivré.

### § 10. *Ajournements.*

88. — Est ajourné dans les épreuves de licence, tout candidat qui a mérité une *boule noire*, ou trois *rouges-noires*. Le candidat admis à la première ou à la seconde partie de l'examen et ajourné sur l'autre, conserve le bénéfice de la partie où il a réussi (1).

D'après le décret du 20 juillet 1882, est ajourné, dans les épreuves de doctorat, tout candidat qui n'a pas obtenu au moins *deux blanches* et *une blanche-rouge*.

### § 11. *Du délai d'ajournement.*

89. — Tout candidat refusé à la session de juillet peut se représenter en novembre. S'il est également

(1) Décr. 25 décembre 1850, art. 7. — Cette disposition importante est *immédiatement applicable à tous les étudiants.* Jusqu'à présent on était reçu avec une noire et une rouge-noire ou trois rouges-noires. Désormais tout étudiant *qui aura plus d'une noire,* sera refusé.

refusé à la session de novembre, il ne peut se représenter qu'à la session de juillet *et il ne peut prendre aucune inscription pendant le cours de cette année.*

90. — L'étudiant qui a été admis à une partie de l'examen, en juillet ou en novembre, peut se représenter, pour l'autre partie, à une session spéciale qui a lieu au commencement du mois de janvier.

91. — S'il est admis à cette session spéciale, il peut prendre rétroactivement l'inscription de novembre, conjointement avec celle de janvier. S'il est refusé, il est renvoyé à la fin de l'année scolaire avec suspension du cours des inscriptions.

92. — En cas d'ajournement dans les épreuves de doctorat, le candidat ne peut se représenter qu'après un délai de *deux mois.* Aucune abréviation ne pourra être accordée.

93. — Si l'étudiant qui a échoué avait obtenu la remise, il n'en est pas moins tenu d'acquitter les droits pour le nouvel examen qu'il subit. La remise du nouvel examen ne peut-être prononcée que sur la proposition motivée du recteur, qui doit préalablement prendre l'avis de la Faculté (1).

94. — Quant aux étudiants soumis au régime ancien, ils ne peuvent se représenter qu'après *trois mois révolus,* à moins qu'ils n'obtiennent une abréviation de délai.

### § 12. *Restitution des droits en cas d'ajournement.*

95. — DROITS RESTITUÉS. — Les droits d'examens sont acquis, quel que soit le résultat de l'examen. Les droits de certificat et de diplôme sont remboursés aux

(1) Décision du 7 septembre 1837.

étudiants ajournés. — Voici, par nature d'épreuves, le montant de la restitution.

*Capacité.* — Il est restitué au candidat ajourné la somme de *soixante-cinq francs*, montant du certificat de capacité et du visa de ce certificat.

*Baccalauréat.* — Pour le premier examen, il est restitué trente francs par acte, montant du certificat d'aptitude ; et, pour le deuxième examen, trente francs par acte, montant du certificat d'aptitude, et cent francs, montant du droit de diplôme.

*Licence.* — Pour l'examen de licence, il est restitué trente francs par acte, et cent francs pour droits de diplôme.

*Doctorat.* — Pour chaque examen de doctorat, il est restitué la somme de *quarante francs*, montant du certificat d'aptitude.

*Thèse de doctorat.* — Pour la thèse de doctorat, il est restitué la somme de *cent quarante francs*, montant du certificat d'aptitude et du droit de diplôme.

96. — FORMALITÉS A REMPLIR. — L'étudiant ajourné doit se rendre au secrétariat et représenter la quittance qui lui a été délivrée lors de la consignation des droits. Au dos de cette quittance, il souscrit une reconnaissance du remboursement. S'il ne peut représenter la quittance, il souscrit une déclaration qu'elle est adirée, et que le montant de sa déclaration lui a été remboursé (1). Cette déclaration doit être faite sur papier timbré, indiquer la date de la consignation et l'examen pour lequel elle avait été faite.

_______

(1) Arrêté du 27 novembre 1834, art. 78.

§ 13. *Des saisies-arrêts sur les sommes à restituer.*

97. — Il est arrivé que des créanciers d'étudiants ont formé des saisies-arrêts sur les sommes qui doivent leur être restituées en cas d'ajournement. Jusqu'à présent, les tribunaux n'ont pas été appelés à statuer sur ces saisies-arrêts, les étudiants qui en avaient été frappés ayant été reçus. La légalité d'une pareille saisie ne nous paraît pas contestable. L'étudiant qui a de justes motifs de contester sa dette doit, en ce cas, assigner le créancier saisissant en mainlevée d'opposition.

# CHAPITRE VI.

## CONDITIONS D'OBTENTION DES GRADES ET MATIÈRES DES ÉPREUVES.

### SECTION I.
#### DU BREVET DE CAPACITÉ (1).

Sommaire. — *Droits à payer.* — *Du temps d'études et des cours à suivre.* — *Nombre des examinateurs. Matières de l'examen.* — *Du certificat.*

### § 1er. *Droits à payer.*

| | |
|---|---:|
| 98. — Droit de bibliothèque............... | 10 |
| Droit de robe (à Paris) (2) .......... | 3 |
| Examen........................... | 60 |
| Certificat de capacité............... | 40 |
| Visa du certificat de capacité........ | 25 |
| Total.................... Fr. | 138 |

(1) Rien n'est changé par les nouveaux décrets aux examens de capacité.

(2) Voir le chapitre : *Des frais d'études.* En province, le droit

### § 2. *Du temps d'études et des cours à suivre.*

99. — Les étudiants qui veulent subir cet examen doivent avoir quatre inscriptions et avoir suivi pendant une année les cours de Code civil de première et de seconde année, et ceux de procédure civile et de droit criminel.

Il y a quatre examinateurs.

### § 3. *Matières de l'examen.*

100. — *Code civil.* — Livre I, II (en entier). Livre III, tit. I à IV (art. 1 à 1386.) — Livre III, titre XX (article 2219 à 2281).

*Code de procédure civile.* — Livre II, III et IV.

*Code pénal.* — Livre I et II (art. 1 à 74, plus l'art. 463).

*Code d'instruction criminelle.* — Art. 1 à 47, 179 à 216, 310, à 379, 635 à 643, et les autres articles enseignés par le professeur.

### § 4. *Du certificat.*

101. — Ceux qui ont été examinés et trouvés capables obtiennent un *certificat de capacité*, conformément à l'art. 12 de la loi du 22 ventôse an XII. — Ce certificat est exigé pour être titulaire d'un office d'avoué. Les aspirants à ce certificat ne sont pas tenus de justifier du grade de bachelier ès lettres.

de robe est de deux francs. Dans beaucoup de Facultés, le droit est perçu par le secrétaire avec la consignation.

## SECTION II.

### DU BACCALAURÉAT.

**102.** — Nous diviserons cette section en deux paragraphes sous lesquels nous analyserons les dispositions des nouveaux décrets sur le régime nouveau et le régime ancien.

SOMMAIRE. — DU RÉGIME NOUVEAU. — *Droit d'option.— Droits à payer. — Du temps d'études et des cours à suivre. — Du premier examen. — Epoque à laquelle il doit être passé. — Matières de l'examen. — Du second examen. — Epoque à laquelle il doit être passé. — Matières de l'examen. — Du diplôme.* — DU RÉGIME ANCIEN: *Droits à payer. — Epoques des examens et des consignations. — Du premier examen. — Matières de l'examen. — Du second examen. — Matières de l'examen.*

### § 1er. DU RÉGIME NOUVEAU.

#### 1° *Droit d'option.*

**103.** — Le régime nouveau est *obligatoire* pour tous les étudiants qui ont pris la première inscription à partir de l'année scolaire 1880-1881. Il est *facultatif* pour tous les étudiants n'ayant pas encore subi le deuxième examen de baccalauréat. Ils doivent faire connaître leur option en consignant pour les examens de fin d'année.

#### 2° *Droits à payer.*

| | |
|---|---:|
| **104.** — Droit de bibliothèque.................. | 20 |
| Epreuves. — Quatre à 60 fr........... | 240 |
| Quatre droits de robe (3 fr. par épreuve)............................. | 12 |
| *A reporter...* | **272** |

$$\begin{array}{lr}
\textit{Report}... & 272 \\
\end{array}$$

Quatre certificats d'aptitude (30 francs
par certificat)...................... 120
Diplôme .......................... 100

Total................ 492

### 3° *Du temps d'études et des cours à suivre.*

105. — Le baccalauréat exige deux années d'études et huit inscriptions. La première année l'étudiant doit suivre : *un cours de Code civil, un cours de droit romain, un cours de droit criminel, un cours d'histoire générale du droit français public et privé.* La seconde année, il continue de suivre *le cours de Code civil* et *le cours de droit romain*, et il doit suivre, en outre, *un cours de procédure civile* et le *cours d'économie politique.*

106. — Le baccalauréat est scindé en deux examens, et chaque examen est divisé en deux parties subies chacune, à deux jours consécutifs, devant un jury composé de trois examinateurs.

### 4° *Du premier examen.*

107. — Le premier examen doit être subi après la quatrième inscription et avant la cinquième. Il est divisé en deux parties.

108. — PREMIÈRE PARTIE. — La première partie du premier examen rôule sur le droit romain, et sur l'histoire générale du droit français.

*Droit romain.* — Instituts de Justinien, livres I et II, complétés par des textes choisis dans le Digeste, le Code et les Novelles, et indiqués par le professeur à ses élèves.

*Histoire générale du droit français.*

109. — DEUXIÈME PARTIE. — La deuxième partie porte sur le *Code civil*, le code pénal et le code d'instruction criminelle.

*Code civil.* — Livre I et II (art. 1 à 710, moins les art. 2 à 5 et 120 à 138).

*Code pénal.* — Livres I et II (art. 1 à 76, plus l'art. 463).

*Code d'instruction criminelle.* — Art. 1 à 7 — 179 à 216 — 310 à 379 — 635 à 643, et les autres articles enseignés par le professeur.

### 5° *Du deuxième examen.*

110. — Le deuxième examen doit être subi après la huitième inscription et avant la neuvième. Il est divisé en deux parties.

111. — PREMIÈRE PARTIE. — La première partie du deuxième examen porte sur le droit romain et l'économie politique.

*Droit romain.* — Institutes de Justinien, livres II et IV, complétés par des textes choisis dans le Digeste, le Code et les Novelles, et indiqués par le professeur à ses élèves.

ÉCONOMIE POLITIQUE. — L'enseignement de l'économie politique ayant été rendu obligatoire par le décret du 26 mars 1877, les étudiants ayant pris leur première inscription, à partir d'octobre et novembre 1877-1878, seront interrogés sur les matières enseignées par le professeur.

112. — DEUXIÈME PARTIE. — La deuxième partie roule sur le code civil et la procédure civile.

*Code civil.* — Livre III, titre ɪ, ɪɪ, ɪɪɪ, ɪᴠ (art. 711 à 1386) ; titre xx (2219 à 2281).

*Code de procédure.* — Livres II, III et IV (art. 48 à 510).

113. — *Nota.* — Les matières sont les mêmes pour les étudiants qui auraient déjà soutenu l'examen de capacité. Ces étudiants doivent être prêts à répondre sur toutes les parties du programme de l'examen.

### 6° *Du diplôme.*

114. — Les étudiants qui auront été trouvés capables aux deux examens de baccalauréat reçoivent un diplôme de bachelier en droit. Ils doivent s'adresser, pour la délivrance de ce diplôme, au garçon de bureau.

### § 2. DU RÉGIME ANCIEN.

### 1° *Droits à payer.*

115. — Droit de bibliothèque...................    20
Deux examens (60 fr. par examen).....  120
Deux droits de robe (3 fr. par examen).    6
Deux certificats d'aptitude (40 fr. par
certificat) .................................    80
Diplôme...................................  100

                                Total...................  326

116. — En cas d'ajournement, il est remboursé au candidat, pour le premier examen, la somme de 40 francs, et pour le deuxième examen la somme de 140 francs.

### 2° *Époque des examens et des consignations.*

117. — Les examens passés d'après le régime ancien ne commenceront qu'après la session de novembre. Les consignations seront reçues chaque semaine les *mardis* et *mercredis*, de 10 heures à 2 heures, pour les examens de la semaine suivante.

### 3° *Du premier examen.*

118. -- Le premier examen ne peut se passer qu'après la quatrième inscription, et on ne peut prendre la *septième* à Paris, et la *sixième* dans les départements qu'après avoir été reçu. Il y a quatre examinateurs. Il ne sera passé aucun examen de baccalauréat après le 9 juillet (1).

### 4° *Matières de l'examen.*

119. — *Code civil.* — Livres I et II (art. 1 à 710 moins les art. 2 à 5 et 120 à 138).

*Droit romain.* — Institutes de Justinien, livres I et II, complétés par des textes choisis dans le Digeste, le Code et les Nouvelles, et indiqués par le professeur à ses élèves.

*Code pénal.* — Livres I et II (art. 1 à 74, plus l'art. 463).

*Code d'instruction criminelle.* — Art. 1 à 7 — 179 à 216 — 310 à 379 — 635 à 643 et les autres articles enseignés par le professeur.

______

(1) Cette date peut être avancée ou reculée d'un ou deux jours.

### 5° *Du second examen.*

120. — Le second examen ne peut se passer qu'après la huitième inscription prise, et il doit être subi, à Paris, avant la *onzième*, et dans les départements avant la *dixième.*

Il y a *trois examinateurs.* — L'examen est fait par quatre examinateurs pour les étudiants qui ont passé leur premier examen de baccalauréat avant le 16 juin 1878.

121. — Les deuxièmes examens de baccalauréat auront lieu jusqu'à la fin de l'année scolaire.

### 6° *Matières de l'examen.*

122. — *Code civil.* — Livres III, titre I, II, III, IV (art. 711 à 1386) ; titre XX (2219 à 2281).

*Code de procédure.* — Livres II, III et IV (art. 48 à 510).

123. — Les étudiants qui ont passé leur premier examen avant le 15 juin 1878 seront, en outre, interrogés sur le droit pénal et l'instruction criminelle. — Les matières sont les mêmes pour les étudiants qui auraient déjà soutenu l'examen de capacité. Ces étudiants doivent être prêts à répondre sur toutes les parties du programme de l'examen.

## SECTION III.

### DE LA LICENCE.

124. — Nous diviserons cette section en deux paragraphes sous lesquels nous analyserons les disposi-

tions des nouveaux décrets sur le régime nouveau et le régime ancien.



### § 1er. DU RÉGIME NOUVEAU.

#### 1° *Des droits à payer*

| | |
|---|---:|
| **125.** — Droit de bibliothèque | 10 |
| Epreuves. — Deux à 60 fr | 120 |
| Deux droits de robe (3 fr. par épreuve). | 6 |
| Certificats d'aptitude. Deux à 30 fr. | 60 |
| Diplôme. | 100 |
| TOTAL . . . . . . . . . . Fr. | 296 |

#### 2° *Du temps d'études et des cours à suivre.*

**126.** — Les étudiants qui aspirent au grade de licencié en droit doivent faire une troisième année d'études, et suivre un *cours de code civil, un cours de droit administratif, un cours de droit commercial, et un cours de droit international privé.* — Ils subissent à la fin de l'année scolaire, un examen dit : *examen de licence.*

#### 3° *Matières de l'examen de licence.*

**127.** — L'examen de licence, ne peut être subi qu'après la douzième inscription prise. Il se divise en deux parties.

**128.** — PREMIÈRE PARTIE. La première partie de

l'examen de licence roule sur le droit administratif et le droit commercial.

*Droit administratif.* — Matières enseignées par le professeur.

129. — Le programme du cours de droit administratif comprend les matières suivantes :

1° *Notions générales et sommaires* :

Sur l'organisation et les attributions de l'autorité administrative; la hiérarchie de ses agents, de ses conseils et de ses juridictions ;

Les différentes natures de contributions publiques, leur assiette et recouvrement ;

Les cours d'eau, leur curage, le règlement des usines, le drainage et les irrigations ;

Le domaine public fluvial et maritime ;

Les établissements dangereux et insalubres.

2° *Notions approfondies* :

Sur l'expropriation pour cause d'utilité publique ;

La voirie et les alignements ;

La séparation des pouvoirs public, judiciaire, administratif et ecclésiastique : — conflits, appels comme d'abus, mises en jugement, autorisations (1).

*Code de commerce.* — L'épreuve porte sur le code de commerce en entier.

130. — DEUXIÈME PARTIE. — La deuxième partie de l'examen de licence roule sur le code civil et sur le droit international privé.

*Code civil.* — Toutes les parties du code civil non comprises dans les premiers examens, savoir, les articles 1387 à 2218, et les articles 2 (*théorie de l'effet rétroactif des lois*); 3 (*théorie des statuts reel et personnel*) ;

_______________

(1) Arrêté du 31 décembre 1861.

4 et 5 (*règles sur l'interprétation des lois*), et 120 à 138 (*des effets de l'absence.*)

*Droit international privé.* — Matières enseignées par le professeur.

### 4° *Du diplôme.*

131. — Les étudiants qui ont obtenu un diplôme de bachelier et ont été trouvés capables à l'examen de la troisième année, obtiennent un diplôme de licencié en droit.

### § 2. DU RÉGIME ANCIEN.

### 1° *Droits à payer.*

132. — Droit de bibliothèque . . . . . . . . . . . . 10
Deux examens ( 60 fr. par examen) . . . . . . 120
Deux droits de robe (3 fr. par examen).     6
Trois certificats d'aptitude (40 fr. par certificat) . . . . . . . . . . . . . . . . . . . . . . . 120
Diplôme . . . . . . . . . . . . . . . . . . . . . 100
TOTAL. . . . . . . . . . . . . . . . . 356

En cas d'ajournement il est remboursé au candidat pour chaque examen, la somme de 40 francs.

### 2° *Des cours à suivre.*

133. — Les étudiants soumis à l'ancien régime sont dispensés de suivre le cours de droit international privé. Ils doivent suivre pendant leur troisième année d'étude un *cours de code civil, un cours de droit administratif* et un *cours de droit commercial,* et subir deux examens.

3° *Époque des examens et des consignations.*

134.— Les examens d'après le régime ancien ne commenceront qu'après la session de novembre. Les consignations seront reçues chaque semaine, les mardis et mercredis de 10 à 2 heures pour les examens de la semaine suivante. Il ne sera passé aucun premier examen de licence après le 9 juillet (1). Les deuxièmes examens de licence auront lieu jusqu'à la fin de l'année scolaire.

4° *Du premier examen de licence.*
(*Troisième examen.*)

135. — Pour subir cet examen, il faut avoir pris *neuf inscriptions*. Il y a *quatre examinateurs*.

5° *Matières de l'examen.*

136. — DROIT ROMAIN. — L'examen porte sur les quatre livre des Institutes de Justinien, complétés par les textes du Digeste, du Code et des Novelles expliqués par le professeur au cours de la deuxième année.

137. — ÉCONOMIE POLITIQUE. — L'enseignement de l'économie politique ayant été rendu obligatoire par le décret du 26 mars 1877, les étudiants ayant pris leur première inscription à partir d'octobre et novembre 1877-1878, seront interrogés sur les matières enseignées par le professeur.

---

(1) Cette date, et, en général, toutes les dates que nous indiquons peuvent être avancées ou reculées d'un ou deux jours. Des affiches spéciales, ordinairement apposées au mois d'avril, indiquent ces changements, s'il y a lieu.

### 6° *Du deuxième examen de licence.*
### *(Quatrième examen.)*

**138.** — Pour subir cet examen il faut avoir pris onze inscriptions.

Il y a *quatre examinateurs* dont deux interrogent sur le droit civil, un sur le droit commercial, un sur le droit administratif.

### 7° *Matières de l'examen.*

**139.** — Les matières du deuxième examen de licence de l'ancien régime sont les mêmes que celles de l'unique examen de licence du nouveau régime, sauf en ce qui concerne le droit international privé, sur lequel ne sont pas interrogés les étudiants de l'ancien régime. (V. nᵒˢ 128 à 130).

## SECTION IV.
### DU DOCTORAT.

**Sommaire.** — *Du temps d'études. — Des droits à payer. — Du premier examen de doctorat. — Du deuxième examen de doctorat. — Du troisième examen de doctorat. — De la thèse. — Du choix du sujet. — Des positions. — Des formalités à remplir avant la soutenance. — Rapport du doyen. — Récompenses données aux meilleures thèses.*

**140.** — Le Doctorat vient d'être réorganisé par le décret du 20 juillet 1882. La réforme a eu un double but : mettre fin à la diversité fâcheuse qui s'était introduite dans les diverses Facultés, dans les conditions d'études et d'examen, et rétablir ainsi l'unité ; organiser les épreuves de manière que chaque candidat puisse les adapter à ses goûts, aux tendances de son esprit, aux exigences des carrières variées auxquelles conduisent les études juridiques. Ce décret est applicable, à partir du jour de sa promulgation pour les étudiants qui n'auront pas encore subi avec succès le premier examen qu'ils aient déjà pris ou non des inscriptions de doctorat. Les étudiants, ayant à cette date, subi le premier examen, mais non le second, pourront choisir entre le nouveau mode et le mode antérieur. A partir du 1er novembre 1884, le nouveau décret sera seul en vigueur,

### § 1er *Des droits à payer.*

141. — Droit de bibliothèque. . . . . . . . . . . .  10
Trois examens (60 fr. par examen). . . 180
Quatre droits de robe (3 fr. par examen
et thèse). . . . . . . . . . . . . . . . . .  12
Trois certificats d'aptitude (40 fr. par
certificat). . . . . . . . . . . . . . . . . . 120
Thèse. . . . . . . . . . . . . . . . . . . . 100
Certificat d'aptitude. . . . . . . . . . . .  40
Diplôme . . . . . . . . . . . . . . . . . . 100

TOTAL. . . . . . . . . . . . . . . . . 562

### § 2. *Du temps d'études.*

142. — Une quatrième année d'études est exigée pour le doctorat. Les épreuves se composent de *trois* examens et d'une thèse. On exige pour ces épreuves des connaissances beaucoup plus approfondies que pour les examens de licence.

### § 3. *Premier examen de doctorat.*

143. — Pour subir cet examen, il faut avoir quinze inscriptions.

L'examen porte sur :

1° Les Instituts de Justinien en entier, complétées

par les textes expliqués par le professeur au cours des Pandectes ;

2° L'histoire du droit romain.

Il est fait par *quatre examinateurs*, dont trois examinent sur l'ensemble du droit romain et son histoire, et le quatrième sur les textes des Pandectes (1).

### § 4. *Deuxième examen de doctorat.*

144. — Pour subir cet examen, il faut seize inscriptions. — Il y a *quatre examinateurs*.

L'examen porte sur :

1° L'ensemble du Code civil ;

2° L'histoire du droit français.

### § 5. *Troisième examen de doctorat.*

145. — Pour subir cet examen, il faut seize inscriptions. Il y a *quatre examinateurs*.

L'examen porte sur :

1° Le droit constitutionnel ;

2° Deux matières choisies librement par le candidat parmi celles qui font l'objet d'un cours dans la Faculté et qui n'ont pas fait partie des deux premiers examens. A défaut de cours spécialement institués en vue du doctorat sur les matières choisies, le candidat est interrogé d'après les programmes de la licence.

L'option du candidat s'exerce parmi les enseignements donnés dans les cours complémentaires comme parmi ceux donnés dans les classes magistrales. Toutefois, quant aux cours complémentaires, l'option ne peut s'exercer que sous la condition que leur programme ait été spécialement autorisé comme programme d'exa-

_______________

(1) Décret du 20 juillet 1882.

men par décision du ministre. Le candidat indique lors de la consignation les matières sur lesquelles il désire être interrogé.

### § 6. *Thèse de doctorat.*

146. — Après les trois examens, l'aspirant, s'il a été reconnu capable, est admis à soutenir l'acte public, à la suite duquel, s'il est admis, il reçoit le diplôme de docteur en droit.

147. — CHOIX DU SUJET. — Jusqu'en 1850 les sujets de thèse de doctorat étaient désignés par le sort. Le nombre des sujets était, à Paris, de 51. Les aspirants au doctorat qui avaient obtenu dans les deux examens de quatrième année majorité de boules blanches étaient seuls admis à choisir le sujet de leur thèse, sauf approbation de la Faculté. Aujourd'hui les sujets de thèse sont choisis par les candidats eux-mêmes, sauf approbation du doyen. Les candidats choisissent aussi leur président (1).

148. — La thèse se compose de deux dissertations spéciales, l'une sur le droit romain, l'autre sur une branche quelconque du droit français. Lorsque le sujet est commun au droit romain et au droit français, un seul sujet suffit, pourvu qu'il soit traité en deux parties distinctes.

149. — DES POSITIONS. — Le candidat doit joindre à ses dissertations, outre les propositions prises dans les sujets traités, douze propositions prises en dehors de ces sujets, savoir : quatre sur le droit romain, quatre sur le droit civil français, quatre sur les autres parties du droit à son choix.

(1) Arrêté du 5 décembre 1850.

**150. — FORMALITÉS A REMPLIR, —** MM. les candidats doivent faire signer leur thèse par leur président, par le doyen de la Faculté et obtenir le visa du recteur (à Paris du vice-recteur de l'Académie). .

A cet effet, ils doivent présenter leur thèse revêtue de la double signature du président et du doyen, au secrétariat de l'Académie. A Paris cette présentation peut avoir lieu tous les jours non fériés, de 2 heures à 3 heures.

**151. — ENGAGEMENT DE L'IMPRIMEUR. —** Le candidat ne peut faire fixer le jour de la soutenance de sa thèse qu'en présentant un engagement écrit, de la part d'un imprimeur, de déposer au secrétariat, *huit jours* au moins avant la soutenance, *quatre-vingts exemplaires.*— Le format est l'*in-8° raisin*, caractères 10 ou 11, au choix de l'auteur.

Un exemplaire de la thèse est adressé à chaque Faculté de droit pour être placé dans sa bibliothèque.

**152. MODÈLE DE L'ENGAGEMENT DE L'IMPRIMEUR.**

*Je soussigné maître imprimeur déclare avoir reçu de M*

*étudiant à la Faculté de Droit de Paris, le manuscrit de sa thèse de doctorat.*

*Je m'engage de déposer au Secrétariat de la Faculté au plus tard le                              188 , de 10 heures à 2 heures, quatre-vingts exemplaires imprimés de cette Thèse* (1).

Le                              188

Signature et demeure
   de l'imprimeur).

(1) Les aspirants au doctorat sont invités à veiller personnelle-

Nota. — Tous les exemplaires imprimés des thèses de doctorat devront présenter à la première page l'indication du sujet de la thèse, le nom du candidat, les noms des examinateurs, la désignation du jour et de l'heure de la thèse.

153. — Délai maximum pour la soutenance. — Les thèses de doctorat des candidats qui ont passé leur second examen de doctorat dans l'année scolaire 1881 à 1882 devront être signées et le jour de la soutenance pris avant le 1er juin 1883 ; elle ne pourront être soutenues après le 30 juin. Les thèses de doctorat des candidats qui auront passé leur second examen dans l'année scolaire 1881 à 1882 devront être signées, et le jour de la soutenance pris avant le 25 juin 1882. Elles ne pourront être soutenues après le 31 juillet. — *Il ne sera pas soutenu plus de deux thèses par jour*.

### § 7. *De la soutenance.*

154. — La durée de la soutenance est d'une heure et demie. Le nombre des examinateurs qui a été successivement de *six* (1) et de *cinq* (2) vient d'être ramené à *quatre* par le décret du 20 juillet 1882. Nul n'est admis s'il n'a obtenu au moins deux blanches et une blanche-rouge.

### § 8. *Rapport du doyen.*

155. — En cas d'admission du candidat, le doyen de la Faculté adresse au ministre de l'instruction publique

ment à ce que le dépôt de leurs thèses soit effectué dans les délais réglementaires. A défaut de dépôt aux jour et heure fixés, les candidats ne seront pas compris dans le service de la semaine et la soutenance sera renvoyée à un mois.

(1) Décr. 26 décembre 1875.
(2) Décr. 5 juin 1880.

une exemplaire de la thèse, avec le procès-verbal de l'examen et un rapport spécial sur le mérite du travail et sur la manière dont l'épreuve a été soutenue (1).

### § 9. *Récompenses décernées aux meilleures thèses.*

156. — Une somme de 1,000 francs est mise par le ministre de l'instruction publique à la disposition de la Faculté de Paris pour décerner des prix et des mentions aux auteurs des meilleures thèses de doctorat.

### § 10. *Du diplôme* (2).

157. — Ceux qui ont obtenu un diplôme de licencié en droit, et ont été trouvés capables aux examens et à l'acte public de la quatrième année, obtiennent un diplôme de docteur en droit (3).

## CHAPITRE VII.

### DU RECOURS CONTRE LES DÉCISIONS DES JURYS D'EXAMEN.

Sommaire. — *Possibilité d'un recours. — Recours du recteur. — Recours des candidats.*

### § 1er. *Possibilité d'un recours.*

158. — Un recours est possible contre les décisions des jurys d'examen, *pour violation des formes légales*, notamment pour violation des règles établies par les décrets relativement à l'addition des boules, aux compensations et aux équipollences.

Ce recours est ouvert au recteur et aux candidats.

(1) Circulaire du 11 août 1840.
(2) V. le chapitre : des *Diplômes.*
(3) Loi du 22 ventôse, an XII... art. 2.

## § 2. *Recours du recteur.*

159. — Les certificats d'aptitude aux différents grades et les pièces à l'appui sont transmis au recteur de l'Académie, qui les envoie au ministre revêtus de son visa. Dans les *dix jours* de la réception des certificats, le recteur peut se pourvoir, pour violation des formes légales, devant le conseil académique du ressort. — Appel peut être interjeté par le recteur et par le candidat de la décision du conseil académique, devant le conseil supérieur de l'instruction publique. A l'égard du candidat, le délai ne court que du jour de la notification de la décision qui doit lui être faite, dans les huit jours, par les soins du recteur. Aucun délai n'est fixé pour le recours devant le conseil supérieur. Nous pensons que le délai est de *dix jours*, par analogie de celui du pourvoi au conseil académique.

## § 3. *Recours des candidats.*

160. — Aux termes de l'article 14 de la loi du 15 mars 1850, les candidats peuvent également, dans le délai de dix jours, se pourvoir contre les décisions des jurys d'examen, pour violation des formes légales. La réclamation, avec mémoire à l'appui, est déposée au secrétariat de l'Académie, où il en est donné récépissé. Le conseil désigne un rapporteur, qui fait son rapport à la plus prochaine réunion. La décision du conseil académique est notifiée, dans les huit jours, au candidat qui peut se pourvoir devant le conseil supérieur de l'instruction publique. Le recours est reçu au secrétariat de l'Académie. L'affaire est ensuite inscrite au secrétariat du conseil supérieur, sur un registre à ce

destiné. Elle est jugée sur un rapport fait par écrit, et la décision du conseil est notifiée au réclamant par le ministre de l'instruction publique (1).

# CHAPITRE VIII.

## DE LA CORRECTION DES ÉPREUVES ET TARIF POUR L'IMPRESSION DES THÈSES.

Sommaire. — *De la correction des épreuves. — Tableau des principaux signes de correction. — Tarif pour l'impression des thèses. — Doctorat. — Agrégation.*

### § 1er. *De la correction des épreuves* (2).

161. — Les fautes se marquent à la marge extérieure, c'est-à-dire celle du côté du folio, la première contre le texte, les suivantes en s'écartant vers les bords, de quelque côté qu'on les inscrive. On trouvera dans le formulaire suivant la figure et l'application des principaux signes de convention en usage pour indiquer les corrections.

(1) Décret du 29 juillet 1851, art. 8, 12, 25, 27 et 28; décret du 26 décembre 1875, art. 8.

(2) Les épreuves de thèses doivent être retournées, à moins de *convention spéciale*, le jour même de leur réception avant cinq heures du soir. — Lorsque le bon à tirer a été donné, l'imprimeur n'est tenu qu'aux corrections indiquées ; il décline toute responsabilité pour les fautes qui auraient échappé à la lecture de l'auteur lui-même.

162. — § 2. *Tableau des principaux signes de correction.*

L'INVENTION de l'Imprimerie n'est pas aussi *Lettres ou mots à changer.*

moderne qu'on le -dit- communément. A la

Chine, l'*impression tabellaire* est en usage *Lettres gâtées à changer.*

depuis plus de 1600 -ans-, les Grecs et les

Romains connaissaient les *sigles*, ou types *A mettre en italique.*

mobiles; et les livres *d'images*, qui parurent

au commencement du 15e siècle, servirent de *Supérieure à rehausser.*

modèle aux essais tentés par Gutenberg, à *Lettres ou mots à ajouter.*

Mayence, 1450, sur des planches bois

fixes. Ces planches étant sujettes à se déjetter *Lettres ou mots à supprimer.*

cet homme industrieux, aidé de Fust, qu'il

s'associa à cet effet, imagina de les clicher en *Lettres ou mots à retourner.*

métal; il fallait autant de planches qu'il

y avait de pages à imprimer; ce moyen lent *Lettres ou mots à transposer.*

et pénible, joint de corriger, à l'impossibilité

leur suggéra l'idée de sculpter les lettres de *Lignes à transposer.*

corps et de hauteur, capable de les maintenir

*transposez* encore à vaincre une grande difficulté, celle

de donner à ces tiges une parfaite égalité de *Addition à remonter.*

'phabet sur des tiges mobiles. Il leur restait

| | |
|---|---|
| *Lignes à remanier.* | sons les efforts de la presse ; ils ne purent y parvenir que par des moyens irréguliers, lors- |
| *Blanc à jeter.* | que Schœffer trouva celui de les fondre dans |
| *Blanc à diminuer.* | des moules, ou *matrices ;* et, par cette ingéni- |
| *Pour espacer.* | euse découverte, donna enfin la vie à l'art ty- |
| *A rapprocher.* | po gr a phiq ue . |
| *Alinéa.* | Abandonné aux ébauches tabellaires de |
| *Corrections d'accents.* | Guttenberg, l'art n'eût probablement pas été au-delà ; et sous le rapport de la mobilité des |
| *Blanc à supprimer.* | types, connue bien des siècles avant lui, |
| *Espaces à baisser.* | nous ne lui devons presque rien, car elle |
| *Ponctuation à changer.* | ne lui permit de rien exécuter ; l'existence de |
| *Ligne à redresser.* | la Typographi r e date d c véritablement |
| *Lettres à nettoyer.* | que de la connai . : nce de la *matrice-poinçon,* |
| *Corrections d'apostrophe.* | puisque c'est par elle seule qu'on multiplie |
| *Lettres basses.* | mobiles et parfaitement proportionnés ; or le |
| *Lettres hautes.* | mérite de cette invention est entièrement dû |
| *Gr et petites Capitales.* | à p. Schœffer. |
| *Bourdon.* | *à l'infini des types identiques, qu'on les rend.* |

NOTA. Nous empruntons ce formulaire au *Dictionnaire des arts et manufactures* de M. Laboulaye (art. *Imprimerie*).

### § 3. *Impression des Thèses de doctorat.*

MARESCQ AÎNÉ, LIBRAIRE-ÉDITEUR, 20, RUE SOUFFLOT (1)

163. — Le format *obligatoire* est l'in-8° raisin.

Les auteurs ont le choix entre le caractère n° 10 et n° 11.

La feuille, à **100** exemplaires, **30** fr.

Le brochage et les corrections sont compris dans le prix indiqué ci-dessus.

### COMPOSITIONS D'AGRÉGATION

164. — Le format est l'in-4°.
La feuille de **16** pages, **28** fr.

## CHAPITRE IX.

### DES DIPLÔMES.

SOMMAIRE. — *Des différentes espèces de diplômes.— De la remise des diplômes. — Refus du diplôme.— Opposition à la remise des diplômes. — Duplicata de diplômes. — Fonctions et professions pour lesquelles les grades en droit sont exigés ou pris en considération.*

### § 1er. *Des différentes espèces de diplômes.*

165. — Les grades sont conférés par des diplômes, délivrés au nom de l'Etat par le ministre de l'instruction publique. Ils sont signés du doyen, visés du recteur et portent le sceau de l'Université (2). Il y a trois

_______

(1) La maison Marescq aîné, rue Soufflot, 20, se charge de l'impression des thèses de doctorat et des compositions d'agrégation.
(2) Ordon. du 17 février 1815, art. 31.

sortes de diplômes : le diplôme de bachelier en droit, le diplôme de licencié en droit et le diplôme de docteur en droit. Il y a, en outre, le brevet de capacité.

### § 2. *De la remise des diplômes.*

166. — MM. les étudiants doivent s'adresser, pour la remise des diplômes, au garçon de bureau.

167. — Aucun diplôme ne peut être remis à l'impétrant qu'autant qu'il aura apposé sa signature tant sur l'acte même que sur un récépissé préparé à cet effet (1).

En cas d'impossibilité de la part du récipiendaire de retirer son diplôme au secrétariat de la Faculté dans laquelle il a obtenu le grade, il doit demander que ce diplôme soit adressé au recteur de l'Académie dans le ressort de laquelle il habite. Le recteur le transmet au principal du collège le plus voisin du domicile du récipiendaire et le charge d'en faire la délivrance. Les frais de port sont supportés par le récipiendaire (2).

Les étudiants qui, en attendant la délivrance de leur diplôme, auraient besoin de justifier de leur grade doivent adresser une demande écrite, sur papier libre, à M. le secrétaire de la Faculté, qui leur délivrera un certificat d'aptitude.

### § 3. *Refus du diplôme.*

168. — Le ministre, dans l'intérêt de *l'ordre public* ou de la *morale publique,* peut refuser le diplôme, après avis du conseil supérieur de l'instruction publique (3).

(1) Arrêté du 15 septembre 1821.
(2) Circulaire du 5 février 1822.
(3) Décret du 26 décembre 1875, art. 9.

### § 4. *Opposition à la remise des diplômes.*

**169.** — Certains créanciers ont imaginé de former opposition, entre les mains du secrétaire de la Faculté, à la remise des diplômes obtenus par les étudiants, leurs débiteurs. Il n'est tenu aucun compte de ces oppositions, qui sont illégales, les diplômes n'étant pas dans le commerce.

### § 5° *Duplicata de diplômes.*

**170.** — En cas de perte d'un diplôme, on peut en obtenir un *duplicata*, en adressant une demande au doyen de la Faculté dans laquelle le diplôme a été délivré, et consignant un *droit de duplicata*. Il est procédé à une enquête administrative sur la moralité du postulant et sur les circonstances de la perte alléguée.

### § 6. *Fonctions et professions pour lesquelles les grades en droit son exigés.*

**171.** — Certificat de capacité. — Aux termes de l'article 26 de la loi du 22 ventôse an XII, le *certificat de capacité* est nécessaire pour exercer la profession d'avoué. — Ce certificat peut être remplacé par le diplôme de licencié en droit, et même par celui de bachelier en droit. Toutefois, à Paris, les chambres des avoués de première instance et celle des avoués à la cour exigent le diplôme de licencié.

**172.** — Baccalauréat. — Nous ne connaissons pas de fonctions ou de professions pour lesquelles le grade de bachelier en droit soit spécialement exigé. Il peut remplacer, comme nous l'avons dit au numéro précédent, le certificat de capacité, exigé pour pouvoir exercer la profession d'avoué.

173. — LICENCE. — Le diplôme de licencié est exigé :

1° Pour exercer les fonctions de juge dans les tribunaux civils d'arrondissement, de conseiller dans les cours d'appel ou à la Cour de cassation, de membre du ministère public (1).

2° Pour être avocat (2), avocat à la Cour de cassation (3), greffier en chef d'une cour d'appel (4), greffier en chef et commis-greffier à la Cour de cassation (5) ;

3° Pour être élève-consul (6) ;

4° Pour être chef, sous-chef, rédacteur au ministère de la justice, surnuméraire attaché au bureau des affaires étrangères, attaché au ministère de l'intérieur ;

5° Pour être nommé conseiller de préfecture (7).

Toutefois, le grade de licencié peut être remplacé par dix années d'exercice de fonctions rétribuées dans l'ordre administratif ou judiciaire, ou par le fait d'avoir été, pendant le même espace de temps, membre d'un conseil général ou maire.

174. — Le diplôme de licencié est, en outre, exigé pour pouvoir prendre part à certains concours et examens, notamment :

1° Pour le concours à l'auditorat du conseil d'État (8). Toutefois, le diplôme de licencié en droit peut être remplacé soit par un diplôme de licencié ès

---

(1) Loi du 22 ventôse an XII, art. 23 et 24.
(2-3) Loi du 22 ventôse an XII, art. 23 et 24.
(4) Loi du 20 avril 1810, art. 65.
(5) Ordonnance du 15 janvier 1826, art. 73 et 75.
(6) Ordonnance du 26 avril 1845, art. 2.
(7) Loi du 21 juin 1865, art. 2.
(8) Décret du 14 octobre 1872, art. 5.

sciences ou ès lettres, soit par un diplôme de l'École des chartes, un certificat attestant que le candidat a satisfait aux examens de sortie de l'École polytechnique, de l'Ecole des mines, de l'École des ponts et chaussées, de l'Ecole centrale, de l'École forestière, de l'École spéciale militaire, de l'École navale, ou bien encore par un brevet d'officier dans les armées de terre et de mer ;

2° Pour l'examen de l'auditorat à la Cour des comptes (1) ;

3° Pour le concours pour l'emploi d'élève-commissaire de la marine.

175. — Enfin le grade de licencié en droit est pris en considération pour les fonctions d'adjoint à l'inspection des finances et de commis au ministère de la guerre.

176. — DOCTORAT. — Le grade de docteur est nécessaire pour être admis au concours d'agrégation, et au concours pour les attachés au parquet de première classe (2). Il est pris en grande considération pour les nominations dans la magistrature.

<h2 style="text-align:center">CHAPITRE X.</h2>

<h3 style="text-align:center">DES FRAIS D'ÉTUDES.</h3>

SOMMAIRE. — *Fixation des divers droits (droit de bibliothèque ; droit de robe ; droit d'examens ; droits de certificats d'aptitude ; droits de diplômes ; droit de timbre). — Mode de consignation ; dispositions transitoires ; — Des dispenses de droit. — Des remises de droits. — Droit de duplicata des diplômes perdus.*

(1) Décret du 25 décembre 1869.
(2) Loi du 22 ventôse an XII, et décret du 29 mai 1877.

§ 1ᵉʳ. *Fixation des divers droits.*

177. — Les droits à percevoir sont fixés par le décret du 22 août 1854, combiné avec le décret du 8 janvier 1881. Ils se composent : 1° du droit de bibliothèque; 2° du droit de robe; 3° des droits d'examens : 4° des droits de certificats d'aptitude ; 5° des droits de diplôme; 6° du droit de timbre.

### I. — DROIT DE BIBLIOTHÈQUE.

178. — Un supplément de droit de *dix francs*, destiné à créer un fond commun pour les bibliothèques des Facultés de droit, est perçu, chaque année, depuis le 1ᵉʳ janvier 1874. Ce droit est payable par fractions de 2 fr. 50 par chaque trimestre (1).

179. — En cas d'inscriptions cumulatives concédées à un étudiant, le droit est perçu autant de fois qu'il est pris d'inscriptions, en comptant 2 fr. 50 par inscription (2).

180. — Ce supplément de dix francs n'est dû que pour les inscriptions prises à la Faculté de droit, et non pour les inscriptions prises à la Faculté des lettres (3).

### II. — DROIT DE ROBE.

181. — Il ne peut être exigé plus de *deux francs* lors de chaque examen ou acte public, pour l'usage de la robe dont le candidat doit être revêtu. Dans la Faculté

______

(1) Loi du 29 décembre 1873, art. 9, et loi du 3 août 1875, art. 9.
(2) Circulaire ministérielle du 31 décembre 1875.
(3) Circulaire du 15 octobre 1875.

de Paris, il peut être exigé *trois francs* (1). La robe doit être revêtue par tout étudiant, sans exception, même par les militaires en uniforme et par les femmes.

### III. — DROITS D'EXAMEN.

182. — Les droits d'examen sont fixés ainsi qu'il suit :

| | |
|---|---|
| CAPACITÉ. Un examen à 60 francs................ | 60 |
| PREMIER EXAMEN DE BACCALAURÉAT. Deux épreuves à 60 francs...................... | 120 |
| DEUXIÈME EXAMEN DE BACCALAURÉAT. Deux épreuves à 60 francs...................... | 120 |
| EXAMEN DE LICENCE. Deux épreuves à 60 francs.................................... | 120 |
| DOCTORAT. Trois examens à 60 francs.......... | 180 |
| THÈSE.......................................... | 100 |

### IV. — DROITS DE CERTIFICATS D'APTITUDE.

183. — Les droits de certificat d'aptitude sont perçus en même temps que les droits d'examens auxquels ils correspondent. Ils sont remboursés aux étudiants qui sont ajournés (V. n° 95). Ces droits sont fixés ainsi qu'il suit :

| | |
|---|---|
| PREMIER EXAMEN DE BACCALAURÉAT. Deux à 30 francs........................................ | 60 |
| DEUXIÈME EXAMEN DE BACCALAURÉAT. Deux à 30 francs........................................ | 60 |
| EXAMEN DE LICENCE. Deux à 30 francs......... | 60 |
| DOCTORAT. Quatre à 30 francs................ | 120 |

(1) Statut du 13 juillet 1810, art. 14. — A Paris, et dans la plupart des Facultés, l'usage s'est établi de donner 3 francs pour la location de la robe.

### V. — DROITS DE DIPLÔME.

184. — Les droits de diplôme sont perçus en même temps que les droits d'examen auxquels ils correspondent. Comme les droits de certificats d'aptitude, ils sont remboursés aux étudiants qui sont ajournés. Ces droits sont de cent francs pour chaque diplôme (*baccalauréat, licence, doctorat*) et de quarante francs pour le brevet de capacité. Il est, en outre, perçu vingt-cinq francs pour le visa de ce brevet.

### VI. — DROIT DE TIMBRE.

185. — Il faut ajouter, au prix de toutes les consignations, un droit de *vingt-cinq centimes* pour le timbre.

### VII. — MODE DE CONSIGNATION.

186. — Tout candidat consignera en même temps les droits afférents aux deux parties de l'examen.

Savoir :

1° Pour le premier examen de baccalauréat, 180 fr.

En cas d'ajournement, les droits de certificat d'aptitude (30 fr. par acte) seront remboursés.

2° Pour le deuxième examen du baccalauréat et pour l'examen de licence, 280 francs.

En cas d'ajournement, les droits de certificat d'aptitude (30 fr. par acte) et de diplôme seront remboursés.

Le candidat admis seulement à une partie de l'examen devra, quand il consignera à nouveau, pour la seconde, acquitter les droits afférents à celle-ci (90 fr.) et, en outre, s'il s'agit du deuxième examen de baccalauréat ou de l'examen de licence, le droit de diplôme.

## VIII. — DISPOSITIONS TRANSITOIRES.

### 1° LICENCE.

187. — Les étudiants ayant passé le 1.ᵉʳ examen de baccalauréat d'après l'ancien régime qui, par application de l'article 13 du décret du 28 décembre 1880, opteront pour le nouveau régime, acquitteront les droits ci-après :

*1ᵉʳ Examen de baccalauréat :*

Examen subi. — Pour mémoire................. 100

*2ᵉ Examen de baccalauréat :*

| | | |
|---|---|---|
| Epreuves. — Deux à 80 fr.............. 160 | } | |
| Certificats d'aptitude. — Deux à 30 fr.. 60 | } | 320 |
| Diplôme...................... 100 | } | |

*Examen de licence.*

| | | |
|---|---|---|
| Épreuves. Deux à 80 fr................ 160 | } | |
| Certificats d'aptitude. — Deux à 30 fr... 60 | } | 320 |
| Diplôme...................... 100 | } | |

188. — Les étudiants qui, par application de l'article 13 du décret du 28 décembre 1880, resteront placés sous l'ancien régime, continueront à payer pour chaque examen les droits fixés par l'article 22 du décret du 22 août 1854.

Toutefois le diplôme de licencié ne sera délivré qu'après acquittement de la totalité des droits fixés par ledit article (740 fr.)

Les étudiants qui n'ont pas subi le second examen de licence (ancien régime) verseront le complément des droits, lors de la consignation pour cet examen.

### 2°. *Doctorat.*

189. — Les étudiants ayant passé le premier examen de doctorat d'après le régime ancien, qui, par application du 3e paragraphe de l'article 8 du décret du 20 juillet 1882, opteront pour le régime nouveau, acquitteront les droits ci-après :

Premier examen (examen subi) pour mémoire..................................... 60 } 100
Certificat d'aptitude audit examen....... 40 }

Deux examens (60 fr. par examen)....... 120 \
Deux certificats d'aptitude (30 fr. par certificat)..................................... 60 \
Thèse ................................... 30  } 340
Certificat d'aptitude..................... 30 /
Diplôme................................. 100 /

Total............ 440

190. — Les étudiants ayant passé le 1er examen de doctorat d'après le régime ancien, qui, par application du même article 8 du décret du 20 juillet 1882, resteront placés sous le régime ancien, continueront à payer pour le second examen et pour la thèse les droits fixés par l'article 22 du décret du 22 août 1854.

### § 2. — *Des dispenses de droits.*

191. — Les élèves qui ont obtenu le prix d'honneur au concours général sont dispensés de tous frais d'études (1).

_______

(1) Règlement du 27 novembre 1834, art. 56.

192. — En sont également dispensés les fils de professeurs et d'agrégés, pendant tout le temps que ceux-ci sont en exercice de leurs fonctions ou lorsqu'ils sont morts dans le même exercice (2).

193. — Enfin les élèves de première et de deuxième année qui ont obtenu un premier ou un second prix au concours de licence sont dispensés des frais d'examens, de certificats d'aptitude et de diplôme pour l'examen de l'année suivante. Les élèves de troisième année qui ont obtenu la même récompense sont dispensés des mêmes droits pour les examens de la thèse de doctorat.

### § 3. — *Des remises de droits.*

194. — Des remises ou des modérations de droits peuvent être accordées aux étudiants des Facultés qui se distingueraient par leurs succès ou qui, par leur position de famille, auraient des titres à cette faveur. Les remises sont prononcées par le ministre de l'instruction publique, après avis des Facultés. De semblables remises peuvent être accordées aux gradués des universités étrangères. Les étudiants qui auront obtenu des remises à l'avance sont dispensés de consigner les droits. Lorsque la remise n'est accordée qu'après que les droits ont été soldés, le remboursement ne peut être effectué aux étudiants que sur ordonnance ministérielle ou sur un mandat du préfet (1).

195. — Tout étudiant qui, ayant obtenu la remise, échouera à un examen, sera tenu d'acquitter le droit pour le nouvel examen qu'il subira. La remise des droits du nouvel examen ne pourra être prononcée que sur la proposition motivée du recteur (2).

(1-2) Décision du 7 septembre 1835.
(2) Décret du 25 janvier 1807.

### § 4. — *Droits de duplicata des diplômes perdus.*

**196.** — Les gradués qui perdent leur diplôme peuvent en obtenir un duplicata en adressant leur demande au doyen de la Faculté dans laquelle le diplôme a été délivré. Cette demande est transmise par le doyen au ministre. — Le requérant doit payer la moitié du droit exigé pour le diplôme, le certificat d'aptitude ou le brevet de capacité dont il réclame une nouvelle expédition (1).

## CHAPITRE XI.

### DES CONCOURS, DES PRIX ET DES BOURSES.

SOMMAIRE.— *Diverses espèces de concours.— Concours de licence. — Conditions d'admission. — Nature et mode des épreuves. — Avantages accordés aux lauréats. — Sujets donnés depuis 1840 dans la Faculté de Paris. — Concours de doctorat. — Conditions du concours. — Avantages accordés aux lauréats. — Avantages communs aux lauréats des deux concours. — Concours entre les élèves des Facultés de l'Etat. — Avantages accordés aux lauréats. — Concours général de doctorat. — Récompenses accordées aux meilleures thèses de doctorat. — Prix du comte Rossi.— Prix Bastiat et Montesquieu. — Prix donnés par l'Académie de législation de Toulouse. — Bourse du baron Trémont. — Bourse Charles Pelrin. — Bourse de Barkow. — Concours pour l'agrégation.*

### SECTION I.

#### DES CONCOURS ET DES PRIX

### § 1er. *Diverses espèces de concours.*

**197.** — Indépendamment des concours pour l'agrégation, il existe plusieurs espèces de concours dans les

(1) Décret du 22 août 1854.

Facultés de droit. Une ordonnance du 17 mars 1840 a ouvert, dans chaque Faculté, deux concours entre les étudiants de troisième année, et un concours entre les aspirants au doctorat (1). Un décret du 27 janvier 1869 a établi un concours général entre les étudiants de troisième année des diverses Facultés de droit. Ces textes ont été modifiés depuis par les décrets du 27 décembre 1881 et du 15 janvier 1882. Il existe, en outre un concours général de doctorat devant l'Académie de législation de Toulouse. Enfin un certain nombre de villes et de conseils généraux, voulant encourager les études juridiques ont institué en faveur des étudiants en droit des prix municipaux ou départementaux.

Ainsi, grâce à la manificence du Conseil municipal de Paris, les concours réservés jusqu'alors aux élèves de troisième année s'étendent désormais aux deux premières et comprennent tous les ordres d'enseignement.

### § 2. *Concours de licence.*

198. — Aux termes de l'article 2 du décret du 27 décembre 1881, deux premiers et deux seconds prix sont attribués aux élèves de chaque année de licence.

#### A. — *Conditions d'admission.*

199. — Tous les élèves de l'année sont admis à concourir, sans autre condition que d'avoir pris, pendant l'année scolaire, les quatre inscriptions réglementaires. Sont également admis ceux qui, ayant pris ces inscriptions pendant l'année précédente, ont été ajournés à

______

(1) Les Facultés d'Aix et de Poitiers avaient pris l'initiative à cet égard.

l'année suivante avec suspension du cours des inscriptions, par application de l'article 7 du décret du 28 décembre 1880.

B. — Nature et mode des épreuves.

**200.** — Le sujet des compositions prescrites, pour chaque année de licence, est déterminé par la Faculté au moment de l'ouverture de chaque concours. A cet effet, trois questions sont choisies dans la matière sur laquelle le concours doit avoir lieu ; le sort désigne parmi elles, en présence des concurrents, celle qui fait l'objet de la composition.

Les prix sont décernés sur deux compositions écrites.

— L'une porte nécessairement :

En première année, sur un sujet de droit civil français ;

En deuxième année, sur un sujet de droit romain ;

En troisième année, sur un sujet de droit civil français.

— L'autre porte sur un sujet emprunté à l'une des autres matières enseignées pendant l'année, déterminée par tirage au sort et portée à la connaissance des élèves *quinze jours* avant l'ouverture du concours.

Les compositions de chaque année ont lieu à des jours distincts ; six heures sont accordées pour chacune. Les concurrents sont réunis dans une salle de la Faculté, sous la surveillance d'un ou de plusieurs professeurs ou agrégés. Toute communication leur est interdite entre eux ou au dehors, pendant la composition, sous peine d'exclusion. Il n'est laissé à leur disposition d'autres livres que les recueils de textes désignés par la Faculté. Chaque concurrent joint à sa composition, sous pli fermé, un bulletin portant ses nom, prénoms et adresse. L'enveloppe porte deux devises reproduites sur la composition.

C. — *Avantages accordés aux lauréats.*

201. — Divers avantages pécuniaires ont été attachés aux prix obtenus dans les concours de licence.

202. — DISPENSES DE DROITS. — Les élèves de première et de deuxième année qui ont obtenu un premier ou un second prix sont dispensés des frais d'examens, de certificat d'aptitude et de diplôme pour l'examen de l'année suivante. Les élèves de troisième année qui obtiennent la même récompense sont dispensés des mêmes droits pour les examens et la thèse de doctorat.

203. — DONATION ERNEST BEAUMONT. — Madame veuve Beaumont, pour perpétuer la mémoire de son fils, Ernest Beaumont, docteur en droit de la Faculté de Paris, dans laquelle il se destinait au professorat, a fait donation à l'Université de France d'une somme de *cinquante mille* francs qui a été employée à l'achat d'une rente annuelle et perpétuelle sur l'État dont les arrérages sont destinés à accorder des prix aux jeunes gens couronnés dans les concours annuels de la Faculté de droit de Paris.

204. — Deux premiers prix sont décernés aux aspirants à la licence (*élèves de troisième année*). Ils consistent chacun :

1° En une médaille d'argent de la valeur de trente-cinq à quarante francs ;

2° En ouvrages de jurisprudence de la valeur de trois cents francs environ.

205. — Deux seconds prix sont également décernés aux aspirants à la licence. Ils consistent chacun :

1° En une médaille de bronze de la valeur de six à sept francs.

2° En ouvrage de jurisprudence de la valeur de deux cents francs.

**D. — *Sujets de composition donnés aux concours de licence depuis 1840 dans la Faculté de Paris.***

206. — Nous croyons être utile à MM. les étudiants qui se proposent de se présenter au concours annuel de licence, en donnant ici la liste complète, soit en droit romain, soit en droit français des sujets de compositions qui ont été donnés, depuis 1840, dans la Faculté de droit de Paris.

### 207. — DROIT ROMAIN.

1840. Quelle est la différence qui existait entre les actions *in personam* et les actions *in rem?* Certaines actions réunissaient-elles le caractère de l'action *in rem* et celui de l'action *in personam?* Quelle était la nature des actions appelées *personales in rem scriptæ?* (Rapport de M. Oudot, professeur.)

1841. Exposé des différences qui séparent la condition du fermier, celle de l'usufruitier et celle du possesseur de bonne foi (Rapport de M. Oudot) (1).

1842. En quel sens et jusqu'à quel point peut-on céder un droit d'usufruit, de servitude, d'hérédité et de créance? (Rapport de M. Bonnier, professeur.)

1843. Contre quelles personnes est donnée la pétition d'hérédité, soit directe, soit utile, et quel est l'effet de la *præscriptio ou exceptio: si præjudicium hereditati non fiat?* (Rapport de M. Ortolan, professeur.)

1844. Quel est l'effet du legs, de la vente, du gage et de

(1) Le second prix a été remporté par **M.** Colmet de Santerre, aujourd'hui professeur à la Faculté de Paris.

l'hypothèque de la chose d'autrui ? (Rapport de M. Roustain, suppléant) (1).

1845. Dans quel cas l'action Publicienne est-elle donnée à ceux qui ne peuvent pas usucaper ? (Rapport de M. Bonnier (2).

1846. Peut-on promettre soit le fait d'autrui, soit le fait de l'héritier ? Peut-on faire une stipulation ou une convention qui profite ou nuise à un seul des héritiers ? (Rapport de M. Bonnier.)

1847. Quels sont les droits de la femme sur la dot, pendant le mariage ? Par quelles actions la restitution de la dot peut-elle être demandée ? (Rapport de M. Machelard, suppléant.)

1848. Déterminer la portée de la maxime : *Hereditas jacens personam defuncti sustinet.* Quelles sont les acquisitions qui peuvent avoir lieu au profit d'une hérédité jacente ? (Rapport de M. Machelard.)

1849. Quel est l'effet des pactes ajoutés à un contrat soit *in continenti*, soit *ex intervallo?* (Rapport de M. de Valroger, professeur.)

1850. Qui supporte les risques de la chose due, soit dans les contrats nommés, soit dans les contrats innomés? (Rapport de M. de Valroger.)

1851. L'action Publicienne peut-elle être intentée par celui qui a possédé à un autre titre que celui de propriétaire ? Peut-elle être intentée par celui qui n'a pas encore eu la possession ? (Rapport de M. Vuatrin.)

1852. Même sujet qu'en 1840 (Rapport de M. F. Duranton).

1853. Quels sont les effets de la confusion en matière d'obligations ? (Rapport de M. Colmet de Santerre. suppléant.)

1854. Comparer entre eux la *fidejussio*, le *mandatum credendæ pecuniæ* et le *constitut* pour la dette d'autrui (Rapport de M. Duverger).

1855. Qu'entend-on par *cession d'actions?* Quelles personnes

_______

(1) Le premier prix a été remporté par M. Ernest Picard, depuis membre du Gouvernement de la Défense nationale.

(2) Le premier prix a été remporté par M. Rataud, aujourd'hui professeur de droit commercial à la Faculté de Paris. La première mention a été obtenue par M. Labbé, professeur de droit romain à la même Faculté.

ont droit à la cession d'actions? Comment peuvent-elles faire valoir leurs droits? (Rapport de M. Demangeat, suppléant.)

1856. Qu'est-ce que la *justa causa* ou la *bona fides*, soit quant à l'usucapion, soit quant à l'action Publicienne? (Rapport de M. Rataud, suppléant.)

1857. En quoi différaient l'usucapion et la *possession longi temporis?* Parmi les 'règles particulières à chacune de ces institutions, quelles sont celles qui doivent être appliquées après la fusion opérée par Justinien? (Rapport de M. Bufnoir, agrégé.)

1858. Même sujet qu'en 1852 et en 1849 (*Effets des pactes*).

1859. A quelles époques la *testamenti factio* était-elle requise, soit chez le testateur, soit chez l'héritier ou le légataire? Comparer la *testamenti factio* avec le *jus capiendi* (Rapport de M. Labbé agrégé) (1).

1860. Rechercher comment s'opérait, chez les Romains la compensation (Rapport de M. Bonnier.)

1861. Quelles sont les conditions nécessaires pour que la novation s'opère? (Rapport de M. Gide, agrégé.)

1862. Quel est le moment du *dies cedit* dans les différentes espèces de legs? Quelles sont les conséquences de cette détermination? (Rapport de M. Valette, professeur.)

1863. En quoi diffèrent les effets de la condition appliquée, soit à un contrat, soit à une disposition de dernière volonté (Rapport de M. Prosper Vernet).

1864. Comparer les modes d'acquisition de la propriété avec les modes d'acquisition des servitudes, tant personnelles que réelles (Rapport de M. Beudant, agrégé) (2).

1865. De la nature et des effets de la dation en payement (Rapport de M. Demante, professeur).

1866. Quels sont les effets d'une vente de créance? (Rapport de M. Chambellan, professeur.)

1867. De quelles obligations était capable le pupille, à défaut de l'*auctoritas tutoris* (Rapport de M. Leveillé).

(1) La deuxième mention *ex æquo* a été obtenue par MM. Desjardins, professeur à la Faculté de droit de Paris, et Boistel, professeur à la même Faculté.

(2) Le premier prix a été remporté par M. Charles Lyon-Caen, professeur à la Faculté de droit de Paris.

1868. De la *restitutio in integrum*.

1869. Sur quels points diffèrent la condition de pupille et celle de mineur de 25 ans ? (Rapport de M. Desjardins) (1).

1870. Quelles sont les conditions de l'action Publicienne ? Que faut-il entendre par l'action Publicienne rescisoire ? (Rapport de M. Cauwès, agrégé.)

1871. Comparer les effets de la condition lorsqu'elle est apposée à un contrat ou à une disposition testamentaire (Rapport de M. Glasson, agrégé).

1872 Quelles différences existent entre le droit de l'usufruitier, le droit du locataire et le droit de l'emphytéote ? (Rapport de M. Glasson.)

1873. Dans quel cas et sous quelles conditions la tradition transfère-t-elle la propriété ? (Rapport de M. Accarias, agrégé.)

1874. Comparer aux différentes époques du droit romain. les donations à cause de mort et les legs (Rapport de M. Boistel, agrégé.)

1875. Déterminer le sens et étudier les modifications de la règle : *Per extraneam personam nihil adquiritur*, en matière de propriété et de créances (Rapport de M. Garsonnet, agrégé).

1876. Des mesures prises pour assurer à la femme la conservation et la restitution de sa dot, et de l'influence que ces mesures ont exercé sur le crédit du mari (Rapport de Lyon-Caen, agrégé).

1877. Exposer les règles relatives à *l'officium judicis*, soit dans la revendication, soit dans la pétition d'hérédité (Rapport de M. Cauwès, agrégé).

1878. Exposer les institutions du droit romain (*beneficium cedendarum actionum* et *successio in locum creditoris*) contenant les origines de la subrogation légale ou conventionnelle (Rapport de M. Renault, agrégé).

1879. Comparer la propriété bonitaire et la possession de bonne foi (Rapport de M. Lefebvre, agrégé).

1880. De la demeure, de son caractère, de ses effets (Rapport de M. Jalabert).

(1) Le premier prix a été remporté par **M.** Lefebvre, professeur agrégé à la Faculté de droit de Paris.

1881. Comparer au point de vue des fruits, les droits du possesseur de bonne foi, soit d'une chose particulière, soit d'une hérédité.

## 208. — DROIT FRANÇAIS.

1840. De la distinction entre les nullités de droit et les nullités par voie d'action ; des conditions des unes et des autres, et de leurs différents effets.

1841. Comparer les divers effets de la subrogation, du transport de créance, et de la novation par changement de créancier.

1842. Quel est l'effet des donations faites entre époux pendant le mariage, et en quoi diffère-t-il de l'effet des dispositions testamentaires ?

1843. En quel sens est-il dit, dans l'article 2106 du Code civil, que les privilèges sur les immeubles ne produisent d'effet *qu'à compter de la date de l'inscription* (1) ?

1844. Dans quel cas le droit de préférence en faveur d'un créancier privilégié ou hypothécaire peut-il survivre à l'extinction du droit de suite ?

1845. En quoi les effets de la constitution d'usufruit diffèrent-ils de ceux du bail (2) ?

1846. Dans quel cas la transaction est-elle nulle de plein droit ? Dans quel cas est-elle annulable ou rescindable ?

1847. Fixer le sens de la règle que la dot ne peut être constituée ni augmentée pendant le mariage.

1848. La dation en payement entraîne-t-elle novation ?

1849. Existe-t-il, soit en matière civile, soit en matière commerciale, soit en matière criminelle, des obligations *in solidum* distinctes des obligations solidaires et des obligations indivisibles ?

1850. En quoi consiste la purge de l'hypothèque du mineur ou de la femme, en cas de vente de l'immeuble du tuteur ou du mari pendant l'existence du mariage ou de la tutelle ?

---

(1) Le premier prix a été remporté par M. Cazot, ancien ministre de la justice.

(2) Le premier prix a été remporté par M. Labbé aujourd'hui professeur de droit romain à la Faculté de Paris.

1851. Dans quels cas l'autorisation que le mari donne à sa femme oblige-t-elle envers les tiers, soit le mari, soit la communauté? Dans quels cas ne les oblige-t-elle pas ?

1852. Dans quel cas les envoyés en possession provisoire ou définitive peuvent-ils repousser par la prescription les demandes, soit en pétition d'hérédité, soit en revendication du bénéfice de l'envoi en possession ?

1853. En quoi diffèrent la condition du tiers détenteur qui délaisse, et celle du tiers détenteur sur l'offre duquel une surenchère est établie ?

1854. Quels sont les effets de l'accomplissement des formalités de la purge des hypothèques légales, dispensées d'inscription, soit que l'inscription ait été prise dans les deux mois, soit qu'elle ne l'ait pas été du chef des femmes, mineurs et interdits.

1855. La femme mariée, acceptant la communauté ou y renonçant, exerce-t-elle ses prélèvements ou reprises à titre de créancière ou à titre de propriétaire ?

1856. Même sujet qu'en 1844.

1857. Quels sont, quant à la composition active et passive de la communauté légale, les effets des actions intentées pendant la durée de la communauté, soit en résolution, soit en rescision d'aliénations immobilières antérieures au mariage ?

1858. Sous quelles conditions peut s'exercer contre les tiers le droit de résolution de la vente, soit immobilière, soit mobilière, pour défaut de payement du prix ?

1859. La femme a-t-elle hypothèque légale sur les immeubles de la communauté, soit qu'elle accepte, soit qu'elle renonce ?

1860. Application du principe de la subrogation légale entre la caution et le tiers détenteur d'un immeuble hypothéqué.

1861. Quel est, pendant le mariage ou depuis sa dissolution, l'effet de l'inaliénabilité du fonds dotal quant aux droits des créanciers antérieurs ou non, soit au contrat de mariage, soit au mariage ?

1862. Quelles sont les personnes qui peuvent purger les immeubles qu'elles détiennent, des privilèges ou des hypothèques existants sur ces immeubles ? .

1863. Dans quel cas le droit de rétention existe-t-il et quels sont les effets de ce droit?

1864. Quelles sont, relativement au mari, les effets de la constitution de dot, en ce qui concerne le rapport, la réduction, l'action fraudatoire et la garantie ?

1865. Comment les articles 2146 du Code civil et 448 du Code de commerce doivent-ils être appliqués aux différents privilèges et au droit de résolution du vendeur ?

1866. Quels sont, par rapport à l'héritier véritable, les effets des actes du possesseur de l'hérédité et des jugements rendus pour ou contre lui ?

1867. De la vente entre époux.

1868. Quels sont contre l'acheteur les droits de la femme commune en biens, dont l'immeuble propre a été vendu par le mari.

1869. Par quelles personnes, et dans quel cas, peut être invoqué le bénéfice accordé par l'article 2037 ?

1870. Quelle est la capacité de la femme séparée de biens ?

1871. Sous quelles conditions les créanciers peuvent-ils exercer l'action Paulienne en matière de constitution de dot ?

1872. Sous quelles conditions l'hypothèque et les servitudes peuvent-elles s'éteindre par la prescription ?

1873. Dans quel cas l'inscription de l'hypothèque légale de la femme mariée, du mineur et de l'interdit, devient nécessaire pour la conservation plus ou moins complète des avantages qui y sont attachés ?

1874. Comment se perd le privilège du vendeur d'immeubles et son droit de résolution pour non-payement du prix ?

1875. Des effets de la cession de créance à l'égard des tiers.

1876. Quels sont, à l'égard du mari, sous les différents régimes matrimoniaux, les effets des obligations contractées par la femme, marchande publique ?

1877. A qui appartient le droit de purger ? (Même sujet qu'en 1862).

1878. De l'influence que peuvent exercer les conventions matrimoniales sur la capacité de la femme mariée.

1879. Quels sont, sous les divers régimes matrimoniaux, les effets du contrat de mariage à l'égard des créanciers de l'un ou l'autre des époux, dont le titre a une date certaine ou non antérieure au mariage ou au contrat ?

1880. Quels sont, sous les divers régimes, les droits de la femme relativement à l'immeuble lui appartenant que le mari a vendu sans son consentement ?

1881. Dans quel cas le vendeur d'immeubles perd-il le droit de résolution ?

1882. L'exception de garantie invoquée par l'acheteur.

### § 3. *Concours de doctorat.*

209. — Des prix et des médailles d'or sont décernés chaque année parmi les élèves de *quatrième année* et les docteurs, d'après une dissertation dont le sujet est choisi par le ministre, sur la proposition de la Faculté. Le sujet de la dissertation est porté chaque année à la connaissance des candidats, le 1er juin. La Faculté de droit de Paris a proposé et le ministre a choisi pour le concours de 1883 le sujet suivant :

*De la transmission du patrimoine et de la personnalité dans le droit français ancien et moderne. — Déterminer les titres auxquels cette transmission s'opère, et les effets qu'elle produit relativement aux droits et aux obligations, soit en cas de succession* ab intestat, *soit en cas de succession testamentaire : rechercher si elle peut résulter d'un acte fait entre vif.*

### A. — *Conditions du concours.*

210. Les docteurs et aspirants au doctorat sont admis à prendre part à tout concours ouvert pendant les cinq années qui suivent leur admission au grade de licencié. Toutefois, les aspirants au doctorat ne sont admis qu'à la condition d'avoir subi le premier examen de doctorat, lors de la clôture du concours. Nul ne peut concourir pour le prix de doctorat, que dans la faculté où il a accompli le dernier acte de scolarité, inscription, examen ou thèse, avant l'ouverture du concours. Dans le cas où la même personne prend part à plusieurs concours successivement, un nouveau prix, s'il est de même

ordre que le précédent, ne donne lieu qu'à un rappel de médaille et laisse entier le droit des autres concurrents aux récompenses afférentes à l'année.

Chaque dissertation doit porter en tête deux devises : l'une en français, l'autre en latin. Ces mêmes devises seront écrites sur l'enveloppe cachetée d'un billet indiquant les noms et l'adresse de l'auteur.

211. — Deux boîtes, en forme de tronc, sont placées au secrétariat de la Faculté, de manière que les concurrents puissent déposer dans l'une les mémoires, et dans l'autre les enveloppes contenant les noms des auteurs(1). Il est interdit aux concurrents de se faire connaître avant le jugement. Les dissertations doivent être déposées au secrétariat au plus tard le 31 mai 1884, avant 2 heures précises. Une commission spéciale, composée de cinq professeurs, à Paris, et de trois professeurs, dans les Facultés des départements est chargée de lire et d'apprécier tous les mémoires déposés, et d'en désigner six au plus et trois au moins, parmi lesquels la Faculté aura à décerner les prix, s'il y a lieu, après discussion et au scrutin (2).

B. — *Avantages accordés aux lauréats.*

212. — CONCOURS DES ATTACHÉS DE PREMIÈRE CLASSE. — Les docteurs en droit, lauréats des concours du doctorat, ont le droit de prendre part aux concours des attachés de première classe, sans être présentés par un premier président, par un procureur général ou par un bâtonnier d'un barreau d'appel (3).

(1) A la Faculté de Paris, les mémoires sont déposés entre les mains d'un employé du secrétariat.
(2) Arrêté du 17 mars 1840.
(3) Décret du 29 mai 1876.

**213.** — DONATION ERNEST BEAUMONT. — D'après les termes primitifs de la donation Ernest Beaumont, deux *médailles d'or* de la valeur de *cinq cents francs* chacune étaient décernées aux deux jeunes gens qui avaient été couronnés aux concours annuels ouverts entre les jeunes docteurs en droit et les élèves de quatrième année aspirant au doctorat. Une modification à été apportée à cette donation à la date du 25 avril 1860. Aujourd'hui ces prix consistent en deux médailles de vermeil de la valeur de quarante à cinquante francs chacune, et le complément des deux sommes de cinq cents francs en espèces.

### C. — *Avantages communs aux lauréats des deux concours.*

**214.** — NOMINATIONS DANS LA MAGISTRATURE. — Par une lettre, en date du 23 mars 1840, qui a été insérée au *Moniteur*, M. le ministre de la justice s'est engagé, sur la demande de M. le ministre de l'instruction publique, à consulter et à prendre en grande considération, pour les promotions judiciaires, les listes des docteurs, ou licenciés qui auront obtenu des prix.

**215.** — NOMINATIONS DANS L'ADMINISTRATION DE L'ENREGISTREMENT ET DES DOMAINES.— Un arrêté du ministre des finances, en date du 8 juillet 1849, a décidé que les élèves des Facultés de droit qui auront obtenu des prix institués par l'ordonnance royale du 17 mars 1840 seront admis, préférablement à tous autres aspirants, en qualité de surnuméraires de l'enregistrement et des domaines, et qu'ils seront, en conséquence, dispensés de la justification d'une année d'étude chez un notaire un avoué ou un avocat, et de l'inscription préalable sur la liste des aspirants au surnumérariat, pourvu qu'ils aient moins de 25 ans (arrêté du 12 janvier 1846). La liste des élèves qui, ayant obtenu des prix, auront déclaré l'intention d'entrer dans l'administration de l'enregistrement et des domaines, est transmise, chaque année, au directeur général de cette administration, lequel, après s'être assuré que les candidats réunissent les autres conditions prescrites, leur délivrera des brevets de surnuméraire à mesure des vacances.

216.— D.— *Sujets de composition donnés aux concours de doctorat depuis 1840 dans la Faculté de Paris.*

1840. De l'obligation naturelle selon le droit romain et le Code civil français (1).

1841. Théorie de l'emphytéose depuis son introduction dans le droit romain jusqu'à nos jours (2).

1842. Déterminer la condition civile des étrangers en France dans l'ancien et dans le nouveau droit (3).

1843. Entre quelles personnes a lieu l'autorité de la chose jugée, en droit romain et en droit français.

1844. Faire l'application des dispositions du Code civil et des Codes de procédure et de commerce aux droits que les lois actuellement existantes attribuent aux auteurs et inventeurs en matière de sciences, de littérature, d'art et d'industrie.

1845. Des conséquences des condamnations pénales sur l'état des personnes en droit romain et en droit français.

1846. Recherche d'une classification méthodique des matières du droit privé. Examen critique et philosophique du Code civil, au point de vue de la classification (4).

(1) Une mention honorable a été accordée à M. Frédéric Mourlon, auteur des *Répétitions écrites sur le Code civil*, qui n'était alors qu'aspirant au doctorat. Les candidats n'avaient eu que quatre mois pour traiter cette question.

(2) Le premier prix a été mérité par M. Pépin Leballeur, dont le mémoire a été publié sous ce titre : *Histoire de l'emphythéose.*

(3) Le premier prix a été accordé à M. Demangeat, professeur honoraire à la Faculté de droit de Paris, conseiller à la Cour de cassation. Son mémoire a été publié sous le titre : *De la condition civile de l'étranger en France.*

(4) Un seul mémoire avait été présenté. Aucun prix n'a été décerné.

1847. Histoire et théorie des partages d'ascendants (1).

1848. Des sociétés en commandite et anonymes considérées au double point de vue de la législation actuelle et des améliorations qu'elle réclame (2).

1849. Histoire de la théorie de la saisine dans les transmissions de biens après décès.

1850. Histoire et théorie du droit de rétention.

1851. De l'assurance terrestre, des règles qu'elle emprunte au droit maritime ou que l'usage y a introduites jusqu'à présent, et de celles qu'on pourrait y introduire par la suite (3).

1852. Du louage d'ouvrage et de services, du mandat et de la commission en droit romain, dans l'ancien droit français et dans le droit actuel.

1853. De la quotité disponible aux différentes époques du droit romain et du droit français.

1854. Des voies d'exécution sur les biens des débiteurs, dans le droit romain et dans le droit français ancien et moderne, et des améliorations à introduire dans cette partie de notre législation (4).

1855. Comparer entre elles les règles d'administration des biens au cas de faillite, déconfiture, cession de biens, succession bénéficiaire et succession vacante, d'après le droit romain et le droit français ancien et moderne.

1856. Des actions préjudicielles dans l'ancien et le nouveau droit.

1857. Exposer les règles de l'aliénation et de la prescription des biens de l'Etat, des communes et des établissements publics dans le droit ancien et moderne.

1858. Des effets de la prescription au point de vue, soit de l'acquisition de la succession, soit de la déchéance de la pétition de l'hérédité dans le droit romain, ainsi que dans l'ancien et le nouveau droit français.

(1) Une mention a été accordée à M. Gabriel Demante, aujourd'hui professeur du Code civil à la Faculté de droit de Paris.

(2) Le premier prix a été accordé à M Labbé, aujourd'hui professeur de droit romain à la Faculté de droit de Paris.

(3) Le second prix a été remporté par M. Hérold, ancien préfet de la Seine.

(4) Le premier prix a été remporté par M. Jules Tambour, dont le remarquable ouvrage a été publié depuis par les soins de M. Demangeat.

1859. Du caractère, des conséquences pénales et civiles du faux, en droit romain, dans le droit français ancien et nouveau.

1860. De la compensation et des demandes reconventionnelles dans le droit romain et dans le droit français ancien et moderne (1).

1861. De la séparation des patrimoines.

1863. De la nature de la lettre de change ; de sa transmission par endossement et des effets de la prévision ; comparer à ce sujet les usages et les lois des différents peuples modernes.

1864. De l'effet que la chose jugée au criminel produit sur les contestations ultérieures qui peuvent s'élever, soit au criminel, soit au civil, et de l'effet que la chose jugée au civil peut avoir en matière criminelle.

1865. Du droit d'action du ministère public en matière civile.

1866. De l'influence de l'insanité d'esprit sur la validité des actes juridiques en droit romain et en droit français.

1867. De l'assurance sur la vie.

1868. Des preuves de la filiation naturelle dans le droit français, ancien et moderne. Comparer sur ce sujet les législations etrangères avec la loi française, et indiquer les améliorations dont le droit actuel est susceptible.

1869. De l'origine et des effets de la maxime que le partage est déclaratif de propriété.

1870. De la législation sur les titres au porteur et des améliorations dont elle est susceptible.

1871. Pas de concurrents.

1872. De la déconfiture et des améliorations dont notre législation en cette matière est susceptible (2).

1873. Exposer les réformes opérées dans la législation française depuis le Code de commerce de 1807, relativement aux sociétés commerciales ; en développer les conséquences juridiques et en apprécier les résultats.

(1) Le second prix a été remporté par M. Albert Desjardins, professeur à la Faculté de droit de Paris, dont le mémoire publié depuis est devenu rare.

(2) Le premier prix a été remporté par M. Garraud, agrégé à la Faculté de droit de Lyon.

1874. La propriété des mines et ses rapports avec la propriété superficiaire.

1875. Exposer et apprécier la législation française et les principales législations étrangères sur les droits des auteurs, compositeurs et artistes et de leurs héritiers ou ayants cause.

1876. Des libéralités faites aux personnes morales en droit romain et dans le droit français ancien et moderne.

1877. Rechercher les actes d'administration qui peuvent être attaqués par la voie contentieuse.

1878. Des droits et des devoirs des neutres dans les guerres maritimes.

1879. Des effets des jugements d'adjudication sur surenchère (1).

1880. Des origines, des conditions et des effets de la cassation dans le droit civil et dans le droit criminel français.

1882. Théorie des rentes perpétuelles sur l'Etat et sur les particuliers dans le droit français ancien et moderne.

### § 4. *Concours entre les élèves des Facultés de l'État.*

217. — Tous les ans un concours a lieu entre les élèves de toutes les Facultés de droit de l'État. Tous les élèves y sont admis, sans autre condition que d'avoir pris pendant l'année scolaire, les quatre inscriptions afférentes à cette année. Le concours a lieu, chaque année, le troisième lundi de juillet. Il consiste en une composition écrite portant sur un sujet de droit civil français, choisi dans le programme de troisième année. Les concurrents sont réunis au chef-lieu de l'Académie. L'épreuve est surveillée par le recteur ou par son délégué spécial. La composition est faite sans le secours de notes, ni de livres autres que les textes des lois françaises et romaines.

218. Chaque concurrent doit joindre à sa composition, un bulletin cacheté portant ses nom, prénoms

_______________

(1) Aucun mémoire n'a été présenté.

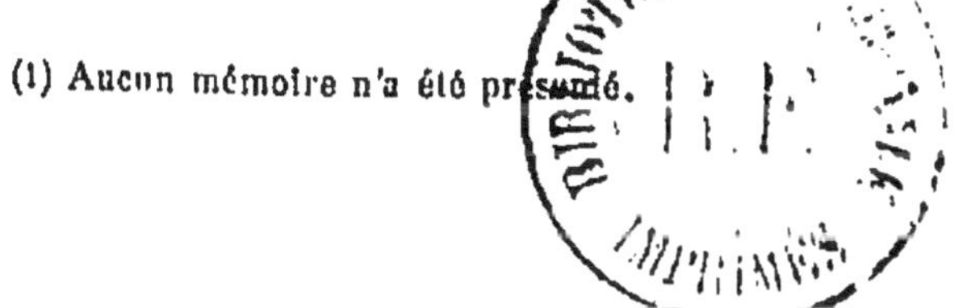

et l'indication de la Faculté dont il est l'élève, le tout à peine d'exclusion. L'enveloppe doit porter une épigraphe, reproduite en tête du mémoire. Un jury spécial, composé de cinq juges, est institué chaque année pour le jugement du concours. Le jury siège à Paris. La décision est insérée au *Journal officiel* (1).

*Avantages accordés aux lauréats.*

219. — Aux termes d'un arrêté ministériel du 15 juillet 1870, le premier prix obtient une médaille de vermeil de 68 millimètres de diamètre et une somme de 800 francs ; le second prix, une médaille d'argent de même module et une somme de 500 francs. Il y a, en outre, cinq mentions honorables qui obtiennent une médaille de bronze de même module.

§ 5. *Concours général de doctorat.*

220. — Tous les ans l'Académie de législation de Toulouse ouvre un concours entre tous les lauréats qui, dans le cours d'une année, ont obtenu, dans les Facultés de l'État, la première médaille d'or au concours de doctorat. Les dissertations déjà couronnées dans les diverses Facultés sont soumises entre elles à un nouveau concours pour l'obtention d'un prix de 300 francs, consistant en une médaille d'or (2).

§ 6. *Récompenses accordées aux meilleures thèses de doctorat.*

221. — Une somme de 1,000 francs est distribuée chaque année dans la Faculté de Paris, sous forme de

(1) Décret du 27 janvier 1869.
(2) Arrêté du 30 mai 1855.

prix et de mentions, entre les meilleures thèses de doctorat. Comme il n'est pas possible d'établir un classement entre des thèses de sujets différents et se recommandant par des qualités variées, les prix sont donnés *ex æquo* au premier rang, et les mentions au second rang. Ces récompenses consistent en médailles de vermeil, de la valeur de 25 à 30 francs et en livres. Les thèses admises à prendre part à ce concours sont réservées au moment de la soutenance, *sans désignation de suffrages* (1). — Cinq prix ont été décernés aux meilleures thèses subies pendant l'année 1881. Ces thèses s'élevant nécessairement au-dessus du niveau ordinaire, nous croyons utile d'indiquer les sujets traités :

1º *De la successio in locum creditorum*, en droit romain. — Des annexions de territoire et de leurs principales conséquences, en droit français (M. Cabouat).

2º *Le Tribunal des centumvirs*, en droit romain. — *Les démembrements de la propriété foncière avant et après la Révolution*, en droit français (M. Chénon).

3º *Essai sur l'histoire du droit d'appel*, en droit romain et en droit français (M. Fournier).

4º *Régime des travaux publics*, en droit romain. — *Détermination et délimitation du domaine public en matière de routes et de chemins*, en droit français (M. Pascalis).

### § 7. *Prix du comte Rossi.*

222. — Un legs de 100,000 francs a été fait au mois d'avril 1878, par madame la comtesse Rossi, à la Faculté de droit de Paris, où son mari avait occupé la

_______

(1) Délibération de la Faculté.

chaire de droit constitutionnel. Le revenu de cette somme est consacré à fonder deux prix annuels qui portent le nom de prix du comte Rossi. La Faculté met au concours, tous les ans, une question de droit civil, et une question du droit constitutionnel.

223. — En exécution du legs de madame la comtesse Rossi, la Faculté de droit de Paris a mis au concours les questions suivantes :

### Concours de 1883.

#### 1° LÉGISLATION CIVILE.

*Exposer, comparer et apprécier les règles établies par le Droit romain, le Droit français ancien et moderne et les principales législations étrangères pour la protection des intérêts moraux et pécuniaires des mineurs.*

Jusqu'à un certain âge, l'homme est incapable, ou du moins n'est pas pleinement capable de se diriger lui-même et de pourvoir à la gestion de ses affaires. La législation a dû intervenir sous un double aspect : — en déterminant l'étendue et les effets de l'incapacité qui résulte, pour le mineur, de la faiblesse de l'âge, — et en organisant un ensemble de mesures destinées à suppléer à cette incapacité dans le gouvernement de la personne et dans le gouvernement des biens. — La Faculté désire une étude d'histoire du droit et de droit comparé sur ces deux aspects de la législation relative à la protection des mineurs. Elle ne demande pas que les concurrents descendent dans le détail des controverses d'application, mais qu'ils exposent les systèmes législatifs et les théories juridiques dans leurs données fondamentales, en insistant sur la sécurité plus ou moins grande qui en résulte pour les intérêts qu'il s'agit de sauvegarder, sur les avantages ou les inconvénients que peuvent présenter les garanties de divers ordres imaginées par la loi au profit des mineurs. — L'attention des concurrents doit se porter d'ailleurs sur tous les mineurs, qu'ils soient ou non en tutelle.

2° DROIT CONSTITUTIONNEL.

*Du pouvoir législatif en France depuis l'avènement de Philippe le Bel jusqu'en 1789.*

Les concurrents auront à rechercher à qui appartint en droit, et par qui fut exercé en fait, le pouvoir législatif depuis l'avènement de Philippe le Bel.

Leur attention devra se porter principalement sur les points suivants :

1° Quelle était, à l'avènement de Philippe le Bel, l'autorité attachée aux Ordonnances royales ? Quel était le pouvoir des seigneurs en matière législative ?

2° Comment et dans quelle forme se développa l'exercice du pouvoir législatif par la royauté ?

3° Quels furent les droits reconnus aux États généraux ou réclamés par eux en matière législative ? Dans quelle mesure participèrent-ils en fait à l'exercice du pouvoir législatif par la royauté ?

4° Même question en ce qui concerne les Parlements. Les concurrents auront en outre à étudier la matière des arrêts de règlement.

5° Quelles furent sur le pouvoir législatif les principales théories émises en France au cours du XVIII$^e$ siècle et quels furent les vœux exprimés dans les cahiers des États généraux de 1789 ?

224. La Faculté remet au concours, pour 1883, le sujet suivant qu'elle avait proposé pour 1881.

6.

*Étudier dans les diverses constitutions de l'Europe et la constitution des États-Unis, la division du pouvoir législatif en deux Chambres et rechercher quelles ont été les attributions et l'influence de chacune d'elles.*

La valeur de ce prix est portée à 4,000 francs.

225. — Les mémoires écrits en français ou en latin devront être déposés au secrétariat de la Faculté, au plus tard le 31 mars de l'année du concours.

226. — Toute personne est admise à concourir sans distinction de nationalité et sans condition de scolarité ou de grades. Chacun des prix est de DEUX MILLE francs. Il pourra être accordé des mentions honorables aux mémoires qui auront le plus approché du prix. Les noms des auteurs qui auront obtenu des mentions ne seront publiés que sur leur demande.

### § 8. *Prix Bastiat et Montesquieu.*

227. — La Chambre de commerce de Bordeaux a fondé un prix annuel de 1,000 francs. Cette récompense est décernée alternativement soit à un travail sur l'économie politique, et alors elle prend le nom de *prix Bastiat* ; soit à un mémoire sur une question de jurisprudence commerciale, auquel cas elle porte le nom de *prix Montesquieu*. — Comme témoignage de sympathie pour cette fondation, le *conseil général de la Gironde* a voté une médaille d'or de 150 à 200 fr. qui est ajoutée au prix de chaque année. Le concours des prix Bastiat et Montesquieu est *ouvert à tous, sans aucune condition d'admissibilité.* Les mémoires doivent être déposés le 30 novembre au plus tard (les adresser *franco* au secrétariat de la Chambre de commerce de Bordeaux à la Bourse). Les noms des auteurs doivent être enfermés

dans des enveloppes cachetées portant une épigraphe, reproduite en tête du mémoire. Les enveloppes ne seront ouvertes que dans le cas où le mémoire aura obtenu une distinction. Ces distinctions seront, en dehors des prix, des mentions honorables. Aucun mémoire ne peut être livré à la publicité avant le jugement du concours qui a lieu dans le mois de décembre ou de janvier de chaque année.

§ 9. *Concours établi par la ville de Toulouse en l'honneur de la fête de Cujas.*

228. — L'Académie met au concours, pour l'année 1883, le sujet suivant.

*Étude sur la vie et les travaux de Rossi, criminaliste, professeur de droit constitutionnel et d'économie politique.*

229. — L'Académie met au concours, pour l'année 1884, le sujet suivant :

*Étude critique sur les* CONSEILS DE PRUD'HOMMES.

I. Origines et formes de cette juridiction ;
II. Fonctions des Prud'hommes, soit comme conciliateurs, soit en qualité de juges en matière civile et de police ;
III. Leurs attributions d'une nature administrative ;
IV. Changements progressifs ou réformes que l'institution réclamerait dans notre organisation judiciaire actuelle.

Le prix consistera, pour chaque année, en une médaille d'or qui pourra atteindre la valeur de cinq cents francs.

### Prix du Conseil général du département
### de la Haute-Garonne.

230. — L'Académie met au concours, pour l'année 1883, le sujet suivant :

*De l'organisation de la bienfaisance publique. — Des ressources auxquelles elle peut puiser. — De l'étendue rationnelle de son action.*

*Programme.* — La bienfaisance est, avant tout, une œuvre d'initiative privée. Engendrée par une sympathie, générale ou personnelle, pour le malheur, elle peut prendre toutes les formes inspirées par cette sympathie.

Il en est autrement de la bienfaisance publique qui est forcément limitée par les ressources de son budjet formé à l'aide des secours individuels ou de ceux fournis par des personnes morales, et qui doit être soumise, dans son application, au contrôle de l'État. — Où puise-t-elle, où peut-elle puiser ses ressources ? — Quels modes d'action peut-elle réaliser rationnellement, de façon à ne pas décourager l'initiative privée ? — Secours à domicile ; secours donnés dans les hospices, hôpitaux et asiles de toute nature ; subventions aux caisses de vieillesse ou autres et aux sociétés de secours mutuels ; assurances contractées par l'État dans l'intérêt des personnes à secourir ; obligation établie par la loi d'en faire contracter par les parties intéressées, etc., etc., tous ces moyens doivent être étudiés par les concurrents.

L'Académie leur demande autre chose qu'une description de ce qui est établi, au moment actuel. Elle désire une critique raisonnée des institutions existantes et une appréciation sérieuse de tout ce que l'on tente ou l'on propose en pareille matière.

L'assurance obligatoire pour les ouvriers, discutée récemment en Prusse, l'assurance contractée par l'Etat en faveur de chaque enfant, au moment de sa naissance, proposée par quelques personnes : toutes autres combinaisons, analogues ou éloignés de celles-là, doivent être examinées avec soin.

Les législations étrangères, sur ce terrain, seront également consultées et appréciées.

**230 *bis*.** — L'Académie met au concours, pour l'année 1884, le sujet suivant :

*Du régime des asiles. — De l'incapacité juridique des aliénés qui y sont enfermés. — Étude critique de la loi française du 30 juin 1838.*

*Programme.* — Bien des problèmes se posent à propos du régime juridique qui gouverne, en France et dans tous les pays civilisés, la situation des malades frappés d'aliénation mentale. Il suffit de citer quelques-unes des questions généralement débattues. L'admission dans les asiles d'aliénés n'est-elle pas trop facile ? Ne serait-il pas bon de faire intervenir, dans une mesure quelconque, le pouvoir judiciaire, puisque la capacité du malade subit une atteinte par le seul fait de son entrée dans l'asile ? — La surveillance des pouvoirs publics s'exerce-t-elle suffisamment dans ces établissements. — L'organisation des différents mandats, qui ont pour but de gérer la fortune de l'aliéné, n'est-elle pas un peu compliquée dans notre pays ? Les pouvoirs de l'administrateur provisoire dans les asiles publics sont-ils suffisants pour protéger complètement la situation pécuniaire du malade ?

Tous ces problèmes, et bien d'autres, ont préoccupé depuis quelque temps l'administration française et les législateurs étrangers. Dans ces derniers temps, une commission a fonctionné en France pour les étudier, et l'année 1880, pour ne citer que celle-là, a vu se produire, en Angleterre, à la Chambre des communes, sur ces questions, une discussion qui n'a malheureusement pas abouti ; promulguer dans le grand-duché de Luxembourg une loi qui, tout en s'inspirant largement de celle du 30 juin 1838, y a introduit plusieurs modifications, et dans les États de New-York et du Canada, le même fait se renouveler, soit pour les aliénés, en général, soit pour les aliénés indigents.

L'Académie de législation ne saurait se désintéresser de ce mouvement. Elle sollicite les concurrents à s'y mêler, en lui fournissant des études auxquelles les convient et le sentiment d'humanité et le souci de ce qui touche à la capacité d'un citoyen. Mais, pour ne décourager personne, elle restreint le champ des travaux demandés, en ne posant spécialement que deux questions : celle du régime des asiles et celle de l'incapacité juridique des aliénés enfermés.

Les législations étrangères doivent être l'objet d'une attention spéciale.

Le prix consistera, pour chaque année, en une médaille d'or qui pourra atteindre la valeur de cinq cents francs.

*Concours général.*

231. — L'Académie se réserve de décerner, en outre, une ou plusieurs médailles d'or, d'une valeur de cent à cinq cents francs, aux travaux les plus remarquables qui pourront lui être adressés par les auteurs sur un

sujet de leur choix et se rattachant de préférence à l'histoire d'une coutume ou d'une institution juridique (délibération de l'Académie du 19 juin 1861).

Concours spécial des lauréats universitaires.<br>Prix de l'Académie.

232. — Les licenciés en droit, les aspirants au doctorat, les docteurs, qui, depuis *moins de cinq ans*, ont obtenu des prix dans les concours pour la licence ou le doctorat, dans l'une des Facultés de droit, ou des distinctions analogues et correspondantes dans les Universités étrangères, sont seuls admis à ce concours.

Les auteurs jouissent de toute liberté pour le choix du genre et du sujet, qui pourra porter sur toutes les branches du droit indistinctement.

L'Académie *présentera*, à la séance de la *Fête de Cujas*, les Mémoires qu'elle aura jugés dignes de cette distinction académique.

Le nombre des présentations n'est pas limité.

L'ordre dans lequel elles seront faites sera réglé d'après la date de la réception des Mémoires.

Une médaille d'or de la valeur de deux cents francs, qui prendra le titre de *prix de l'Académie*, sera décernée, s'il y a lieu, au meilleur des Mémoires reconnus dignes d'être *présentés* (délibération de l'Académie du 2 mai 1855).

Prix du Ministre de l'instruction publique.

233. — L'Académie décernera une médaille d'or de la valeur de trois cents francs, fondée par M. le Ministre de l'instruction publique, à la composition qui sera reconnue la plus remarquable *sous le rapport de la science du droit et par les qualités du style.*

Les Mémoires qui dans le courant de l'année précédente, ont obtenu, devant l'une des Facultés de droit, le premier prix au concours ouvert entre les aspirants au doctorat et les docteurs, concourent seuls pour le prix du Ministre de l'instruction publique (Arrêté ministériel du 30 mai 1855).

### Dispositions générales.

I. Les Mémoires doivent être déposés, au plus tard le 30 avril.

(Les adresser *franco* au Secrétaire-archiviste de l'Académie, rue des Renforts, 15, à Toulouse.)

II. Les prix seront distribués dans la séance annuelle de la *Fête de Cujas*.

III. Les Mémoires seront écrits en français ou en latin. Ils devront être très lisibles.

IV. Les Mémoires déposés deviendront la propriété de l'Académie; mais les concurrents pourront toujours s'en faire délivrer une copie, à leurs frais.

V. Les enveloppes cachetées, contenant les noms des auteurs, ne seront ouvertes que dans le cas où le Mémoire aura obtenu une distinction.

VI. L'auteur qui livrerait son Mémoire à la publicité avant la séance solennelle perdrait tout droit au prix qu'il aurait obtenu. Cette déchéance ne pourra être opposée aux auteurs des Mémoires qui auront obtenu la première médaille d'or dans les concours des Facultés de droit.

## SECTION II.

### DES BOURSES.

### § 1er *Bourse du baron Trémont.*

234.— M. Joseph Girod de Vienney, baron de Trémont, ancien préfet, a légué à la Faculté de droit de Paris, aux termes de son testament en date du 5 mai 1847, une somme annuelle de 1,000 francs en faveur d'un étudiant *distingué et sans fortune.* Lorsque la Faculté le trouve convenable, elle peut partager la bourse en deux parts de 500 francs chaque. Elle détermine également la durée de l'encouragement qu'elle peut continuer jusqu'à la fin des études de l'élève, si son assiduité et sa conduite ne varient pas. Les aspirants à ce prix, soit qu'ils aient déjà été jugés dignes de cette faveur; soit qu'ils se présentent pour la première fois au choix de la Faculté, doivent remettre, avant le 1er juillet de chaque année, entre les mains du secrétaire, tous les documents propres à établir les faits invoqués par eux à l'appui de leur candidature. La désignation est faite par le doyen, assisté de quatre professeurs.

### § 2. *Bourse Charles Pelrin.*

235. — Le 22 juin 1846, les époux Pelrin, en mémoire de leur fils Pelrin, licencié en droit, ont fait donation à l'Université de France d'un capital de *quatre-vingt mille francs,* à charge par elle d'employer cette somme à la création de deux bourses de 1,000 francs destinés à assurer le bienfait de l'enseignement supérieur dans l'une des cinq Facultés de la ville de Paris ou à l'École polytechnique, à deux jeunes gens appartenant à des

familles peu aisées et qui sont choisis, l'un dans le canton de Vernon (Orne) et l'autre dans la ville de Paris. Ces familles doivent avoir au moins cinq années de domicile.

Pour avoir droit à ces bourses, il faut être désigné, savoir :

*Pour celle réservée au canton de Vernon*, par une commission spéciale composée : 1° du maire du chef-lieu de canton ; 2° du conseiller général représentant le canton ; 3° du conseiller d'arrondissement représentant le même canton ; 4° du juge de paix ; 5° du doyen des notaires du canton ; 6° du maire de l'une des communes dudit canton, autre que celle de Vernon, en alternant dans l'ordre alphabétique, de manière que chaque commune soit représentée à tour de rôle dans cette commission ; 7 du curé doyen.

*Et pour celle réservée à la ville de Paris*, par le ministre de l'instruction publique.

## § 3. *Bourse de Barkow.*

236. — Madame de Barkow, née Guillen, a fait à l'Université de France un legs dont le revenu est destiné *à aider des jeunes gens pauvres à faire de bonnes études et à s'ouvrir, par ce moyen, une carrière honorable,* Cette fondation a une grande analogie avec celle des époux Pelrin. Le revenu annuel, dépassant 3,000 francs, le ministre a créé trois bourses de 1,000 francs chacune, auxquelles les sept établissements d'instruction supérieure de Paris sont admis à prendre part. La jouissance de la bourse est limitée à un an, sauf prolongation sur nouvelle présentation. Le cumul des bourses Pelrin et de Barkow avec les pensions attribuées sur les fonds Trémont est interdit.

## SECTION III.

### CONCOURS POUR L'AGRÉGATION (1).

237. — Les agrégés des Facultés de droit se recrutent par la voie du concours. Un arrêté du ministre détermine l'époque à laquelle le concours devra commencer. Cet arrêté est adressé à tous les recteurs et des affiches sont apposées dans l'étendue de chaque ressort académique. L'annonce du concours, est en outre, insérée au *Journal officiel.*

### § 1er *Conditions d'admissibilité au concours.*

238. — Nul ne peut se présenter au concours :
1° S'il n'est Français ou naturalisé Français ;
2° S'il ne jouit de ses droits civils ;
3° S'il ne représente un diplôme de docteur en droit ;
4° S'il n'est âgé de 25 ans, sauf au ministre à accorder des dispenses d'âge.

### § 2. *Inscription des aspirants.*

239. — Les aspirants doivent se faire inscrire au secrétariat des diverses académies où ils résident, *deux mois* avant l'ouverture du concours. Chaque concurrent, en se faisant inscrire, doit produire :
1° Une copie légalisée de son acte de naissance ;
2° Son diplôme de docteur en droit.
Ils doivent joindre à ces pièces l'indication de leurs services et de leurs travaux, et déposer un exemplaire des ouvrages ou mémoires qu'ils ont publiés.

(1) Règlement du 24 août 1843 ; décret du 22 août 1854 ; statut du 16 novembre 1874.

### § 3. *Organisation du jury.*

240. — Les juges du concours sont désignés par le ministre parmi les membres du conseil supérieur de l'instruction publique, les inspecteurs généraux de l'enseignement supérieur, les professeurs des Facultés, les magistrats de la Cour de cassation. Le nombre des juges est de sept au moins et de neuf au plus y compris le président. Ne peuvent siéger dans un même concours deux parents ou alliés jusqu'au degré de cousin germain inclusivement. Doit se récuser tout parent au même degré d'un des candidats.

### § 4. *Séance d'ouverture.*

241. — Aux jour et heure fixés pour la première séance, il est fait un appel de tous les candidats qui se présentent au concours. Chaque aspirant écrit lui-même sur un registre son nom et son adresse. Tout candidat qui ne s'est pas présenté à cette séance est *exclu du concours*.

### § 5. *Des épreuves.*

242 — Le sort détermine les sujets à traiter par chaque candidat dans les différentes épreuves, et l'ordre dans lequel les candidats doivent subir chaque épreuve. Les concurrents sont tenus, sous peine d'exclusion, de subir toutes les épreuves aux jour et heure indiqués. Aucune excuse n'est admise, si elle n'est jugée valable par le jury. — Dans chaque concours, il y a deux sortes d'épreuves : des *épreuves de candidature* et des *épreuves définitives*.

**A. — *Épreuves de candidature.***

243. — Les épreuves de candidature consistent :

1° Dans l'appréciation des services et des travaux antérieurs des candidats ;

2° Dans une composition écrite sur un sujet de droit français.

Sept heures sont accordées pour cette composition. Elle a lieu sous la surveillance d'un juge. Les concurrents ne peuvent correspondre avec personne, ni se procurer d'autres secours que les lois françaises et le Corps de droit romain. Chaque concurrent fera imprimer sa composition sur la copie qu'il aura dû en conserver, et en déposera au secrétariat un nombre d'exemplaires qui varie d'après le nombre des candidats, et qui est ordinairement de 68 à 80 (1).

3° Dans une leçon orale de trois quarts d'heure, faite après quatre heures de préparation libre, sur un sujet de droit civil français ;

4° Dans une leçon orale de trois quarts d'heure, faite après vingt-quatre heures de préparation libre, sur un sujet de droit romain.

**B. — *Épreuves définitives.***

244. — Les épreuves définitives consistent :

1° En une composition écrite en latin sur une question de droit romain, composition qui est soumise aux mêmes règles que la composition de droit français ;

2° En deux leçons orales faites après vingt-quatre heures de préparation libre, la première empruntée au

(1) La librairie Marescq aîné se charge de l'impression et du dépôt des compositions (*Note de l'éditeur*).

Code civil, et la seconde empruntée à une autre partie du droit français indiquée par les juges du concours.

La durée de chaque leçon est de *trois quarts d'heure.*

3° En deux argumentations, l'une sur un titre du Digeste, l'autre sur une matière de droit civil français. Chaque candidat a connaissance des sujets d'argumentation qui lui sont échus, *six jours francs* avant celui où il soutient l'épreuve. La durée de l'argumentation est de *une heure et demie,* et se partage également entre les argumentants, qui sont au nombre de deux ou de trois, suivant les cas.

### § 6. *Voie de recours.*

245. — Un délai de *dix jours* est accordé à tout concurrent pour se pourvoir devant le ministre contre les résultats du concours, à *raison de la violation des formes prescrites* (1).

## CHAPITRE XII.

### COURS DE DROIT ET D'ÉCONOMIE POLITIQUE DANS LES DIVERS ÉTABLISSEMENTS PUBLICS.

Sommaire. — *Collège de France. — Conservatoire des arts et métiers. — Ecole des ponts et chaussées. — Ecole des mines. — Ecole des beaux-arts. — Institut national agronomique. — Ecole des chartes. — Cours pratiques des hautes études. — Ecole libre des sciences politiques. — Ecole de médecine (cours de médecine légale). — Ecole nationale des arts décoratifs.*

### § 1er. *Collège de France.*

246.— *Droit de la nature et des gens.* — M. Ad. Franck, membre de l'Institut.

(1) Statut du 16 novembre 1874, art. 22, 23 et 24.

247. — *Histoire des législations comparées.* — M. LA-
BOULAYE, membre de l'Institut, Académie des inscriptions et belles-lettres, professeur. — M. Jacques FLACH,
docteur en droit, suppléant.

248. — *Histoire de l'industrie et des classes industrielles en France, depuis la révolution de* 1789.

M. Levasseur professeur.


§ 2. *Conservatoire des arts et métiers* (1).


249. — *Économie politique et législation industrielle.*
— M. Levasseur, professeur. — Les mardis et vendredis, à 7 h. 3/4 du soir.

250.—*Économie industrielle et statistique.*— M. Burat,
professeur. — Les mardis et vendredis, à 9 h. du soir.

251.— *Cours annexe de droit commercial.*— M. Mala-
pert, professeur. — Les mercredis et samedis, à 7 h.
3/4 du soir.


§ 3. *École des ponts et chaussées.*

(Rue des Saints-Pères, 28.)


252. — *Cours d'économie politique, sociale et industrielle.* — Les mardis et vendredis, à midi. — Professeurs, M. GARNIER, sénateur.

253. *Conférences sur le droit administratif.* — Les
mercredis et vendredis, à 11 heures. — Professeurs,
M. Chabrol.

On est admis à ces cours avec une carte délivrée par
M. le directeur. — La leçon commencée, nul n'y est
plus admis.

---

(1) Des affiches indiqueront, s'il y a lieu, les changements appor-
tés dans les jours et heures des cours.

## § 4. *École des mines.*

### (Boulevard Saint-Michel, 60 et 62).

254. — L'École des mines reçoit indépendamment des *élèves ingénieurs* pris exclusivement parmi les élèves sortant de l'École polytechnique, des élèves *externes*, des élèves *étrangers* et des élèves *libres*. L'enseignement de l'école embrasse trois années d'études, et comprend outre les leçons orales, des exercices pratiques et des voyages d'instruction.

*Un cours de législation des mines, de droit administratif et d'économie industrielle* est professé par M. Dupont, inspecteur général des mines, le savant auteur du *Traité de jurisprudence des mines*.

## § 5. *École des beaux-arts.*

### (Rue Bonaparte.)

255. — *Législation du bâtiment.* — Le vendredi, à 9 h. 1/2. Professeur, M. Delacroix, avocat.

## § 6. *Institut national agronomique.*

256. — DROIT ADMINISTRATIF ET LÉGISLATION RURALE. — Professeur, M. Victor LEFRANC, *sénateur*. Les mardis et vendredis à 8 h. 1/2, au Conservatoire des arts et métiers.

257. — L'Institut national agronomique reçoit des *auditeurs libres* qui ne sont soumis à aucune condition d'âge et sont dispensés de tout examen d'admission; ils suivent les cours qui sont à leur convenance, mais n'ont entrée ni aux salles d'étude, ni aux laboratoires. — Pour être reçu auditeur libre, il faut en faire la demande au directeur de l'Institut agronomique, en prenant l'enga-

gement de payer une rétribution fixée à 25 francs par an.

### § 7. *École des chartes.*

**(Rue des Francs-Bourgeois, 58.)**

258. — Le registre des inscriptions sera ouvert du 25 octobre au 5 novembre, de midi à 4 heures. — Les examens d'admission auront lieu le 6 novembre et les jours suivants, à onze heures. L'ouverture des cours aura lieu le 18 novembre.

### A. — *Conditions d'admission.*

259. — Les aspirants au titre d'élève de l'Ecole des chartes doivent être Français, bacheliers ès lettres et âgés de moins de vingt-cinq ans révolus au 31 décembre de l'année qui précède leur inscription. — Ils sont nommés élèves de première année par arrêté ministériel, sur la présentation du Conseil de perfectionnement, à la suite d'un examen d'admission.

L'examen d'admission à l'École des chartes se compose d'une épreuve écrite et d'une épreuve orale. — L'épreuve écrit comprend une version latine, un thème latin, une composition sur l'histoire et la géographie de la France avant 1789. L'épreuve orale porte sur l'explication d'un texte latin et sur l'histoire et la géographie de la France avant 1789. — Il sera, en outre, tenu compte aux candidats de la connaissance de l'allemand, de l'anglais, de l'espagnol ou de l'Italien.

### B. — *Cours recommandés aux étudiants en droit.*

260. — *Institutions politiques, administratives et judiciaires de la France.* — Les mercredis et jeudis, à 11 heures. — Professeur, M. Roy.

7.

261. — *Droit civil et économique du moyen âge.* — Les mardis et vendredis, à 11 heures. — Professeur, M. TARDIF.

### § 8. *École pratique des hautes études.*

*Section des sciences historiques et philologiques.*

(A la Sorbonne, escalier nº 2.)

262. L'École pratique des hautes études, fondée en 1868 afin de placer à côté de l'enseignement théorique, les exercices qui peuvent le fortifier et l'étendre, est divisée en quatre sections : 1° Mathématiques; 2° physique et chimie; 3° sciences naturelles et physiologie; 4° sciences historiques et philologiques. Les élèves de chacune des sections de l'Ecole pratique sont placés sous le patronage d'une commission permanente de cinq membres.

La section des sciences historiques et philologiques a pour objet de fournir aux jeunes gens désireux de se vouer à la pratique de la science et de l'érudition les avantages d'une direction spéciale et d'un travail en commun. Les jeunes gens y sont exercés, par des conférences privées, par des discussions familières, à l'usage des méthodes d'observation et de découverte. Dans ces conférences le maître fait travailler les élèves sous ses yeux; il leur communique d'une manière immédiate et personnelle ses procédés de critique, de composition et de travail; il leur transmet une sorte de tradition scientifique qui est ensuite un lien et une force pour eux tous. Les élèves cherchent dans ces conférences, non seulement les résultats de la science, mais encore la méthode par laquelle on les obtient, et cette préparation pratique si nécessaire dans les travaux d'histoire et de philologie.

L'enseignement de chaque section est gratuit. Il n'est exigé de ceux qui veulent s'y faire inscrire comme élèves, aucune condition d'âge, de nationalité ou de grade universitaire ; mais ils sont soumis à un *stage* ; et c'est seulement après l'accomplissement de ce stage, dont la durée a été fixée à un an, qu'ils sont admis à titre définitif, en qualité *d'élèves titulaires*. Les élèves choisissent eux-mêmes, après avoir consulté le président de la section et les directeurs, les conférences qu'ils veulent suivre. Le cours d'études est de trois ans. Pendant le cours de la troisième année d'études ou de l'année qui suit, les élèves qui veulent obtenir le titre *d'élève diplômé* remettent au directeur de la conférence dont ils font partie un mémoire sur une question d'histoire ou de philologie.

Outre les élèves stagiaires et les élèves titulaires nommés par le ministre, les directeurs des conférences peuvent autoriser des *auditeurs libres* à suivre leurs leçons.

L'année d'études commence le 1er novembre ; elle finit le 15 juillet. Les conférences sont suspendues du 25 décembre au 5 janvier, pendant la semaine sainte et pendant la semaine de Pâques. On s'inscrit à la bibliothèque de l'Université, à la Sorbonne. Les salles de travail de la section (*à la Sorbonne, escalier n° 2, au 3e étage*) sont ouvertes tous les jours, de 3 heures à 10 heures du soir, excepté pendant les vacances et les intervalles ci-dessus indiqués.

## § 9. *École libre des sciences politiques* (1).

(Rue des Saints-Pères, 15.)

**263. — BUT DE L'ÉCOLE.** — Dans son ensemble, l'enseignement de l'École des sciences politiques est le *couronnement naturel de toute éducation libérale*. Son programme embrasse les principales connaissances auxquelles aucun homme cultivé ne devrait rester étranger. A un point de vue plus spécial, l'École des sciences politiques se propose le même but que l'ancienne *École d'administration*. — Chacune des grandes divisions de son enseignement constitue une préparation complète à l'une des carrières suivantes et aux examens ou aux concours qui en ouvrent l'entrée.

1. *Diplomatie* (Ministère des affaires étrangères. Légations. — Consulats).
2. *Conseil d'État* (Auditorat de $2^e$ classe).
3. *Administration* (Administration centrale et départementale. — Contentieux des ministères; — sous-préfectures; — secrétariats généraux de département; — conseils de préfecture).
4. *Inspection des finances.*
5. *Cour des comptes.*

D'autre part, le programme comprend des éléments d'instruction supérieure qui complètent utilement la préparation à certaines hautes positions commerciales et financières (Banques — contentieux des grandes compagnies — inspections des chemins de fer, etc.).

(1) Cette École a été fondée en 1871 par M. Boutmy; et elle est dirigée par lui depuis sa fondation.

264. — RENSEIGNEMENTS GÉNÉRAUX. — L'enseignement de l'École dure deux années. On peut entrer à l'Ecole tous les ans. Suivant le but que l'étudiant se propose, il devra suivre tout ou partie des cours et conférences de l'École et les combiner avec tout ou partie des enseignements de la Faculté de droit. Le directeur et les professeurs compétents l'aideront de leurs indications et de leurs conseils sur la nature des différentes carrières, la matière des examens ou des concours, le mode de préparation le plus efficace et l'ordre de travail à adopter, en raison du nombre d'années disponibles. — Pour l'administration centrale et départementale, la diplomatie, le conseil d'État, l'inspection des finances, la Cour des comptes, le cadre des études a été déterminé non seulement d'après les conditions de l'examen d'entrée, mais d'après les nécessités ultérieures de la carrière. La préparation peut être achevée en deux ans. — Pour les jeunes gens qui cherchent à l'Ecole le couronnement de leur éducation générale, il y aura lieu à un choix étudié, variant avec les aptitudes et les connaissances acquises de chacun. La troisième série, *carrières commerciales et financières*, ne constitue pas une préparation complète ; elle suppose une préparation pratique et technique qui se fait ailleurs.

La carrière proprement politique ne figure pas au tableau. Le jeune homme qui se destine à la vie publique devra suivre, autant que possible, les enseignements des deux sections.

265. — RÉGIME INTÉRIEUR. — L'École reçoit des *auditeurs* et des *élèves ;* les uns et les autres sont admis sans examen, sur leur demande et sur l'avis conforme du Conseil. — Les *élèves* sont les personnes qui prennent

une inscription d'ensemble (*totale ou générale*) et qui la renouvellent pendant tout le cours de l'année. — Les *auditeurs* sont les personnes qui ont pris une inscription partielle.

266. — Examens. — Diplômes. — Bourses de voyage. — Un examen oral a lieu dans chaque section, à la fin de la première année, pour les élèves qui ont pris une inscription d'ensemble. L'examen de seconde année consiste en épreuves orales et écrites. Des diplômes sont décernés, dans chaque section, aux candidats reconnus capables. L'École décerne aussi un diplôme *hors section*. Une bourse de 4,000 francs est mise au concours tous les ans, entre les élèves diplômés depuis un an au moins.

## § 10. *École de médecine.*

### (COURS DE MÉDECINE LÉGALE)

267. — M. le docteur Brouardel, professeur de méde·cine légale, fait son cours les lundis, mercredis, vendredis, à quatre heures (*Grand amphithéâtre*), pendant le semestre d'été.

268. — Leçons pratiques a la morgue, à 2 heures, les mercredis et vendredis jusqu'au mois de mars.

MM. les étudiants en droit peuvent être admis à ce cours avec des cartes délivrées par M. le doyen de la Faculté de médecine.

## § 11. *École nationale des arts décoratifs*
### (Rue de l'École-de-Médecine, 5.)

269. — Réouverture des classes, le 4 octobre 1882 à 8 heures 1/2 du matin. Enseignement gratuit.

*Cours public du dimanche.*

270. — *Cours de législation artistique et industrielle.*
— De novembre à février, les dimanches à 9 h. 1/2 du
matin, amphithéâtre Percier (professeur, M. Edouard
Mulle).

## CHAPITRE XIII.

### DE LA DISCIPLINE.

SOMMAIRE. — *Inscriptions fausses. — Défaut de déclaration en
cas de mort ou de changement de résidence du correspondant.
Défaut de déclaration ou fausse déclaration, en cas de changement de résidence de l'étudiant ou de ses parents. — Troubles
dans les cours. — Cartes prêtées. — Outrages aux mœurs ou au
gouvernement. — Insubordination. — Refus d'approbation aux
certificats d'aptitude. — Réitération des épreuves.*

### § 1er. *Inscriptions fausses.*

271. — Tout étudiant, convaincu d'avoir pris sur le
registre une inscription pour un autre étudiant, perdra
toutes les inscriptions prises par lui, soit dans la Faculté où le délit a été commis soit dans toute autre (1).
Le fait de prendre une inscription pour un autre constitue un faux, et est passible des peines portées par le
Code pénal.

272. — Conformément à l'article 27 du décret du
quatrième jour complémentaire an XII, la Faculté de
droit de Paris, par délibération en date du 29 janvier
1880, a déclaré nulles et non avenues, comme irrégu-
lières, les inscriptions d'un étudiant en droit, convaincu

_______

(1) Statut du 9 avril 1825, art. 2.

de les avoir fait prendre par des intermédiaires. —
Deux étudiants en médecine, prévenus de s'être prêtés,
comme intermédiaires, à cet acte de complaisance et
d'avoir contrefait des signatures sur les registres, ont
été déférés à la Faculté de médecine, pour qu'il leur
soit fait application de l'article 11 du statut du 9 avril
1825.

§ 2. *Défaut de déclaration en cas de mort ou de
changement de résidence du correspondant.*

273. — En cas de mort ou de départ de la personne
par laquelle il aura été présenté en prenant sa première
inscription, l'étudiant sera tenu d'en présenter une
autre ; faute par lui de le faire, toutes les inscriptions
qu'il aura prises depuis le décès ou le départ de la personne domiciliée, par laquelle il avait été présenté,
pourront être annulées (1).

§ 3. *Défaut de déclaration ou fausse déclaration en
cas de changement de résidence de l'étudiant et de
ses parents.*

274. — Nous avons vu (V. n° 29) que l'étudiant est
tenu de déclarer, en s'inscrivant, sa résidence réelle, et
s'il vient à en changer, d'en faire une nouvelle déclaration. Chaque étudiant est tenu, en outre, de faire
connaître le domicile actuel de ses père et mère ou
tuteur. Toute fausse déclaration ou tout défaut de
déclaration en cas de changement pourra être puni de
l'annulation des inscriptions prises depuis ledit changement (2).

(1) Statut du 9 avril 1825, art. 6 et 7.
(2) Statut du 9 avril 1825, art. 6 et 7.

### § 4. *Cartes prêtées.*

275. — Tout étudiant qui aura donné à une autre personne, soit du même cours, soit d'un autre cours, soit étrangère à la Faculté, sa carte d'inscription ou l'autorisation qu'il aura reçue, encourra la perte d'une ou de plusieurs inscriptions, ou même son exclusion de la Faculté, si cette transmission a servi à produire du désordre. — Tout auditeur bénévole qui aura prêté sa carte d'admission en sera privé, et sera exclu du cours pendant l'année au moins (1).

### § 5. *Outrages aux mœurs ou au gouvernement.*

276. — Il y aura, selon la gravité des cas, à prononcer *l'exclusion à temps, ou pour toujours*, de la Faculté ou de toutes les Facultés contre l'étudiant qui aurait, par ses discours ou par ses actes, outragé les mœurs ou le gouvernement, qui aurait pris une part active à des désordres, ou qui aurait tenu une conduite notoirement scandaleuse. La peine dans ce cas, sera prononcée par le conseil académique, sauf l'appel au conseil supérieur de l'instruction publique.

277. — Les étudiants qui auront été exclus d'une Faculté ne pourront être admis dans aucune autre sans une autorisation ministérielle (2).

### § 6. *Insubordination.*

278. — Tout manque de respect, tout acte d'insubordination d'un étudiant envers un professeur sera puni

(1) Statut du 9 avril 1825, art. 21.
(2) Statut du 9 avril 1825, art. 35 et 39.

de la perte d'une ou de deux inscriptions. En cas de récidive, la punition sera *l'exclusion de la Faculté*, pendant six mois au moins et deux ans au plus. Elle sera prononcée par la Faculté, sauf recours au conseil académique (1).

### § 7. *Refus d'approbation aux certificats d'aptitude.*

279. — Les recteurs dans les départements, et, à Paris, les doyens de Faculté, sont autorisés à refuser leur approbation aux certificats d'aptitude délivrés aux jeunes gens qui leur seraient connus, soit par des mœurs vicieuses, soit par une conduite turbulente à l'intérieur ou à l'extérieur de l'école (2).

### § 8. *Réitération des épreuves.*

280. — Si le ministre le juge utile au maintien de la discipline, il peut faire recommencer les examens pour l'obtention des grades. Dans ce cas, le second examen est gratuit (3).

### § 9. *Refus du diplôme.*

281. - Nous avons vu (n° 168) que le ministre de l'instruction publique pouvait, dans l'intérêt de l'ordre public ou de la morale publique, refuser le diplôme, après avis du conseil supérieur de l'instruction publique (4).

---

(1) Statut du 9 avril 1825, art. 29.
(2) Statut du 9 avril 1825, art. 34.
(3) Décret du 17 mars 1808, art. 58 ; décret du 18 février 1809, art. 7.
(4) Décret du 26 décembre 1875.

# CHAPITRE XIV.

## RENSEIGNEMENTS UTILES AUX ÉTUDIANTS.

### SECTION I.

#### RENSEIGNEMENTS LITTÉRAIRES, SCIENTIFIQUES ET ARTISTIQUES.

Sommaire. — *Conférences de discussion. — Principales revues de droit. — Autres publications périodiques recommandées aux étudiants. — Matinées littéraires. — Excursions scientifiques. — Sociétés savantes. — Sociétés et établissements philanthropiques. — Séances académiques (Institut de France, Académie Française, Académie des Inscriptions et Belles-Lettres. — Académie des Sciences. — Académie des Beaux-Arts. — Académie des sciences morales et politiques. — Académie de médecine). — Cabinets de lecture. — Répétitions de droit et d'économie politique. — Bibliothèques et salles de travail. — Archives nationales. — Bibliothèque nationale. — Bibliothèque Sainte-Geneviève. — Bibliothèque Mazarine. — Bibliothèque de l'Arsenal. — Bibliothèque de la Sorbonne. — Bibliothèque de la ville de Paris. — Bibliothèque de l'Ecole des Beaux-Arts. — Bibliothèque de l'Ecole des mines. — Bibliothèque du Conservatoire de musique. — Bibliothèque du Conservatoire des arts et métiers. — Bibliothèque du Muséum d'histoire naturelle.*

### § 1er. *Conférences de discussion.*

282. — Il existe un grand nombre de conférences dans lesquelles les étudiants s'exercent à la parole. Nous citerons en premier lieu la *Conférence* Molé-Tocqueville qui est une réduction de la Chambre des députés (*tribune, droite, gauche, groupes, travaux parlementaires*). C'est l'école où se sont formés tous nos hommes politiques. Cette conférence est donc fort utile à suivre ; mais elle ne suffit pas. Les étudiants feront

bien de suivre, en outre, une autre conférence parmi les suivantes : *Conférence Beccaria, conférence Pothier, conférence Daguesseau, conférence Marie, conférence Bugnet, conférence Vergniaud, conférence Henrion de Pansey, conférence Loysel.* Aux licenciés en droit, nous recommandons spécialement la *conférence Loysel.* Pour faire partie de l'une de ces conférences, il faut être agréé par elle, sur la présentation de ses membres, acquitter un droit d'entrée et payer une cotisation mensuelle.

283. — Les conférences d'étudiants en droit, dont vingt-cinq membres sont inscrits pour l'un des cours de l'*École libre des sciences politiques*, ont, une fois par semaine, pour leurs réunions, la jouissance d'une des salles de cours de l'École.

### § 2. *Principales revues de droit* (1).

284. — 1° *Revue critique de législation et de jurisprudence.* — Paraît tous les mois. Prix, 15 fr.

2° *Revue de droit international et de législation comparée.* Paraît tous les trois mois. Abonnements pour la France et l'Italie. Prix, 15 fr.

3° *Revue générale du droit, de la législation et de la jurisprudence en France et à l'étranger.* Prix, 16 fr.

4° *Revue pratique de droit français,* par MM. Demangeat, Mourlon, Charles Ballot, Rivière, Daniel de Folleville, etc., chez Maresq aîné, 20, rue Soufflot. Prix, 15 francs.

5° *Revue historique de droit français et étranger.* Il

(1) La librairie Marescq aîné, 20, rue Soufflot, se charge gratuitement des abonnements aux différentes Revues de droit et de jurisprudence (*Note de l'éditeur*).

ne reste qu'un petit nombre d'exemplaires de la collection complète (1855-1869). 15 forts volumes in-8. Table des quinze années (3 fr.).

6° *Archives de droit international et de législation comparée* (12 fr.).

7° *Annuaire de l'Institut de droit international* ( 4 fr. 50).

8° Dalloz. — *Recueil périodique et critique de jurisprudence, de législation et de doctrine.* 34 vol. (408 francs). Prix de l'abonnement annuel : Paris (24 fr.) ; départements (27 fr.).

9° Sirey. — *Recueil général des lois et arrêts.* — Prix de l'abonnement annuel : Paris (24 fr.); départements (27 fr.).

10° *Journal du Palais, recueil le plus ancien et le plus complet de la jurisprudence.* — Abonnement annuel (27 fr.).

§ 3. *Autres publications périodiques recommandées aux étudiants.*

285. —1° *Journal des économistes. Revue de la science économique et de la statistique.* Abonnement annuel (36 fr.). Chaque numéro séparément (3 fr. 50).

2° *Annuaire de l'économie politique et de la statistique* (7 fr. 50).

3° *Compte rendu des séances de l'Académie des sciences morales et politiques.* Paraît par livraison mensuelle. 2 vol. par an (20 fr.).

*La table générale alphabétique par ordre de matières et noms d'auteurs, comprenant les 100 volumes de la collection (1842 à 1873) se vend séparément* (3 fr. 50)·

4° *Bibliothèque de l'École des Chartes, consacrée spé-*

*cialement à l'étude du moyen âge.* Abonnement annuel (10 fr.).

5° *Compte rendu des séances de l'Académie des inscriptions et Belles-Lettres.* — Abonnement annuel (8 fr.).

6° *L'intermédiaire des chercheurs et curieux.*—Abonnement d'août à décembre (5 fr.).

7° *Revue d'anthropologie.* — Paraît tous les trois mois. Abonnement annuel (25 fr.).

8° *Journal des savants* (Librairie Hachette, 79, boulevard Saint-Germain. Paraît par cahiers mensuels. — Abonnement annuel (36 fr.). — Le cahier séparé (3 fr.). — Collection complète en 60 vol. (900 fr.).

9° *Le grand dictionnaire des hommes et des choses de la Révolution*, publié sous la direction de M. Arcès, avec la collaboration de MM. Acollas, Barodet, Charles Beauquier, Bertillon, Boursin, Ch. Boysset, Philippe Burty, Cantagrel, Chamfleury, Coquelin aîné, Dr Coudereau, Pierre Denis, Marcel Gallet, Alfred Dieudonné, Girard de Rialle, Yves Guyot, Ernest Hamel, de Heredia, Hervé-Mangon, Sigismond Lacroix, Anatole de la Forge, de Lanessan, Edouard Lockroy, Lyon-Caen, Martin Nadaud, Alfred Naquet, Ranc, Dr Robinet, Schœlcher, Talandier, Jules Troubat, etc., etc.

Cet ouvrage comprendra au moins cinq volumes in-quarto de 100 livraisons, chacun sur deux colonnes, avec gravures et planches.

10. *Le Moniteur des Facultés de droit*, journal hebdomadaire, par Alfred Dieudonné, professeur libre de droit et d'économie politique. Ce journal destiné aux étudiants en droit, renferme tous les renseignements qui peuvent leur être utiles, et donne chaque semaine un certain nombre de questions d'examen, avec la solution. Abonnement : 10 fr. par an.

#### § 4. *Matinées littéraires.*

286. — Les matinées littéraires, inaugurées en 1869 par M. Ballande, ont lieu au *Troisième théâtre français* (boulevard du Temple n° 41), tous les dimanches, à une heure et demie, du mois d'octobre au mois de mai. Chaque représentation est précédée d'une conférence. Le *Théâtre Français* et l'*Odéon* donnent également, tous les dimanches d'hiver, des représentations diverses pour lesquelles les prix des places sont abaissés.

#### § 5. *Conférences scientifiques et littéraires.*
##### (Boulevard des Capucines, 39.)

287. — Les conférences scientifiques et littéraires du boulevard des Capucines ont lieu à 8 h. 1/2 du soir. Le bureau est ouvert à 8 heures. Les prix des places sont : Au bureau. *Premières*, 2 francs ; *secondes*, 1 franc. *En location : Premières*, 3 francs ; *secondes*, 1 fr. 50. Le bureau de location est ouvert de midi à 5 h. 1/2.

#### § 6. *Excursions scientifiques.*

288. — Chaque année, au printemps, en été et en automne, des excursions scientifiques (*botanique*, *agronomie*, *géologie*), ont lieu sous la direction d'un professeur. Les étudiants qui désireraient en faire partie peuvent se faire inscrire quelques jours à l'avance, soit au Muséum d'histoire naturelle, soit à l'École de médecine. Des affiches placardées sur les murs de l'Ecole de droit et des différents établissements publics du quartier des Écoles, indiquent les jours et heures de ces excursions. Des réductions de places sont accordées par les Compagnies de chemins de fer.

## § 7. *Sociétés savantes.*

289. — Il existe un grand nombre de sociétés savantes et artistiques dans lesquelles les étudiants pourront se faire recevoir aux conditions qui leur seront indiquées au siège social de ces sociétés. Nous nous bornerons à indiquer quelques-unes d'entre elles :

1° Association française pour l'avancement des sciences. Rue de Rennes, 76 ;

2° Association littéraire internationale pour la défense et la propagation des principes de la propriété littéraire internationale. Rue Vivienne, 51 ;

3° Association philotechnique. Rue Serpente, 24 ;

4° Société d'anthropologie à l'Ecole de médecine. Les séances ont lieu le 1er et le 3e jeudi de chaque mois ;

5° Société des bibliophiles français. Quai d'Anjou, 17;

6° Société botanique de France. Rue Grenelle-Saint-Germain, 84 ;

7° Société centrale des chasseurs pour aider à la répression du braconnage. Rue Cambacérès, 17 ;

8° Société d'économie politique. Rue Richelieu, 14 ;

9° Société de l'Ecole nationale des chartes. Rue des Francs-Bourgeois, 60 (*aux Archives nationales*) ;

10° Sociétés d'excursions artistiques, scientifiques et industrielles. Quai des Grands-Augustins, 53 ;

11° Société entomologique de France. (Séances à la mairie du 6e arrondissement. Place Saint-Sulpice, les 2e et 4e mercredis de chaque mois, à 7 1/2 du soir).

12° Société d'ethnographie. Avenue Duquesne, 47 :

13° Société d'études économiques pour les réformes fiscales. Rue de Lancry, 10 ;

11° Société des études historiques. Administration rue Gay-Lussac, 40. Cette société publie le journal l'*Investigateur* (chez F. Thorin, rue de Médicis, 7) ;

15° Société d'études industrielles et commerciales. Avenue de l'Opéra, 18 ;

16° Société française de numismatique et d'archéologie. Rue de Verneuil, 46 ;

17° Société française de statistique universelle. Rue de Châteaudun, 41 bis ;

18° Société française de tempérance ; association contre l'abus des boissons alcooliques. Rue de l'Université, 6. Cette société public chez Donnaud, rue Cassette, 9, d'intéressantes publications.

19° Société Franklin pour la propagation des bibliothèques populaires. Rue Christine, 1 ;

20° Société de géographie. Boulevard Saint-Germain, 181. Séances les 1er et 3e vendredis de chaque mois ;

21° Société géologique de France. Rue des Grands-Augustins, 7 ;

22° Société de l'histoire de France. Séance le 1er mardi de chaque mois, aux Archives nationales ;

23° Société des institutions de prévoyance de France. Rue de Rennes, 44 ;

24° Société du jardin zoologique d'acclimatation du bois de Boulogne. Porte des Sablons et porte de Neuilly, au bois de Boulogne ;

25° Société de législation comparée. Rue de Rennes, 44 ;

26° Société libre des Beaux-Arts. Séances, 1er et 3e mardi de chaque mois à 8 heures du soir, à la mairie de l'Hôtel de Ville (4e arrondissement) ;

27° Société de linguistique. Boulevard Saint-Michel, 63 ;

28° Société de médecine légale. Séances publiques au palais de justice, le 2ᵉ lundi de chaque mois, à 3 h. 1/2 du soir ;

29° Société philologique pour la réforme, la simplification et le perfectionnement de la langue française. Rue Molière, 17 ;

30° Société pour l'instruction élémentaire. Séances 2 fois par mois, les mercredis à 7 h. 1/2 du soir. Rue Hautefeuille, 1 *bis*;

31° Société protectrice des animaux. Rue de Grenelle, 84. Séance mensuelle, le 3ᵉ jeudi de chaque mois (septembre et octobre exceptés) à trois heures précises. Cette société dont l'honorable M. Valette était président a pour but de convoquer et d'encourager toutes les mesures capables de soustraire les animaux à de mauvais traitements et tout ce qui peut améliorer les conditions de leur travail.

32°.— Union centrale des beaux-arts appliqués à l'industrie. Place des Vosges, 3. Cette société dans le but d'encourager l'étude du dessin met gratuitement à la disposition du public une *bibliothèque de livres d'art et un musée, ouvert tous les jours, de* 10 *heures du matin à* 10 *du soir*.

33°. — Ligue de l'enseignement.


§ 8. *Sociétés et établissements philanthropiques.*


290. — Parmi les nombreuses sociétés et établissements de ce genre nous mentionnerons en premier lieu les sociétés de protection des Alsaciens-Lorrains, qu'il est du devoir de tout Français d'encourager. Ce sont :

1° La société de patronage des orphelins d'Alsace-Lorraine, rue Le Peletier, 1 ;

2° La société de protection des Alsaciens-Lorrains, demeurés français, reconnue d'utilité publique, rue de Provence, 9;

3° La Société générale d'Alsace-Lorraine, boulevard Magenta, 37 :

4° La société de secours-mutuels des Alsaciens-Lorrains, rue de Strasbourg, 17.

Nous nous bornerons à signaler parmi les autres sociétés et établissements philanthropiques :

1° La société générale pour le patronage des libérés dont le secrétariat est au ministère de l'intérieur, rue de Varennes, 78 *bis*;

2° La société de l'orphelinat de la Seine pour l'assistance et l'apprentissage des orphelins et des enfants abandonnés, quai aux Fleurs, 13.

3° La société philanthropique, rue d'Orléans-Saint-Honoré, 17;

4° Enfin, il existe dans chaque arrondissement, à la mairie, des *bureaux de bienfaisance*, où les dons de toutes natures sont reçus par les secrétaires-trésoriers.

§ 9. *Séances académiques.*

## Institut de France.

### (Quai Conti, 23.)

291. — Les académies réunies, tiennent le 25 octobre une séance publique dans laquelle est distribué le prix Volney.

## Académie française.

292. — La séance publique annuelle a lieu en août.

## Académie des inscriptions et belles-lettres.

293. — La séance publique annuelle a lieu en juillet.

## Académie des sciences.

294. — La séance publique annuelle a lieu à la fin de décembre,

## Académie des beaux-arts.

295. — La séance publique annuelle a lieu le premier samedi d'octobre.

## Académie des sciences morales et politiques

296. — La séance publique annuelle a lieu au mois d'avril.

## Académie de médecine.

### (Rue des Saints-Pères, 49.)

297. — La séance publique annuelle a lieu en mai. — Des vaccinations gratuites ont lieu au siège de l'Académie les mardis et samedis à midi 1/2.

### § 10. *Cabinets de lecture.*

298. — Parmi les principaux cabinets de lecture du quartier latin, nous recommandons à MM. les étudiants :

1° Le cabinet littéraire de Mlle Maria Morel, rue Casimir Delavigne, 10, où ils trouveront toutes les nouveautés littéraires et scientifiques, et des collections rares et précieuses de journaux et de revues :

2° Le cabinet Cadart, rue de la Sorbonne, 6 ;

3° Le cabinet Douet, rue Monsieur-le-Prince, 49 ;

§ 11. *Répétitions de droit e  d'économie politique.*

3, rue Soufflot (*en face l'Écot  de Droit*), au 2e étage.

299. — Leçons particulières et collectives de droit et d'économie politique par *Alfred Dieudonné*, avocat à la Cour d'appel (treizième année d'enseignement). Visible tous les jours de *neuf heures du matin à six heures du soir. — Leçons par  correspondance. — Envoi des cours de doctorat.* — Répétitions pendant les  vacances, tous les ans à partir du 15 août.

§ 12. *Bibliothèques et salles de travail.*  ·

## 1. Archives nationales.

(Rue des Francs-Bourgeois, 60.)

300. — Une salle  de travail  est  ouverte au public, chaque jour, les  dimanches  et  fêtes exceptés, de *dix* heures *à trois* heures, pour les communications sans déplacement. Le musée des  archives nationales (*documents  originaux sur l'histoire de France*) est ouvert au public le dimanche de midi à 3 heures. Il est également ouvert, le jeudi, de midi à 3  heures, aux personnes munies de cartes d'entrée. Ces cartes sont délivrées sur demande écrite adressé à M. le Directeur. Les demandes de renseignements et d'expéditions doivent être adressées au directeur général, par lettres ou en personne, de dix heures du matin à trois heures de relevée. Les expéditions et les recherches sont soumises à des droits fixés par un décret du 22 mars 1856.

8.

## 2. Bibliothèque nationale.

### (Rue Richelieu, 58.)

301. — La Bibliothèque nationale est divisée en quatre départements, savoir : 1º les *imprimés;* 2º les *manuscrits;* 3ª les *médailles;* 4º les *estampes.* — Les communications cessent, dans tous les départements, à partir de trois heures. — On doit déposer, en entrant, les parapluies et les cannes; mais ce dépôt est entièrement gratuit.

## Département des imprimés.

302. — Il y a une *salle publique de lecture,* dont l'entrée est rue Colbert, nº 3, et une *salle de travail,* dont l'entrée est rue Richelieu.

SALLE PUBLIQUE DE LECTURE. — L'entrée de cette salle est ouverte au public, tous les jours, même les dimanches, de dix heures à 4 heures, pour toute personne âgée de *seize ans accomplis.*

SALLE DE TRAVAIL. — Cette salle est ouverte, tous les jours, de 10 heures à 4 heures, excepté les dimanches et fêtes, et pendant le temps compris entre le dimanche de la Passion et le lundi de Pâques inclusivement. On n'est admis dans cette salle qu'avec une carte. Pour obtenir cette carte, il suffit d'en faire la demande par lettre affranchie à l'administrateur général, en lui faisant connaître la nature des travaux auxquels on veut se livrer. Elle n'est valable que pendant un an.

Dans ces deux salles, chaque lecteur reçoit en entrant un bulletin qu'il doit représenter à la sortie, revêtu d'un timbre attestant que les livres communiqués ont été rendus au bureau. Il faut un laissez-passer pour sortir avec des papiers, livres, etc.

## Département des manuscrits, médailles et estampes.

303. — On n'est admis à travailler dans ces départements que sur la présentation d'une carte délivrée sur demande écrite par l'administrateur général. Le public peut visiter, sans carte, les galeries d'exposition, les mardis et vendredis, de 10 heures à 4 heures. Les salles ouvertes au public sont : le département des médailles, l'exposition de géographie, le département des estampes et la galerie Mazarine, renfermant un choix de livres imprimés et manuscrits.

304. — Tous les ans, il se fait à la bibliothèque nationale un *Cours public d'archéologie*, le vendredi, à 1 1/2. Ce cours est fait par M. Fr. Lenormand. L'entrée a lieu par la rue Neuve-des-Petits-Champs, 8.

## 3. Bibliothèque Sainte-Geneviève.

### (Place du Panthéon.)

305. — Cette bibliothèque est très riche en ouvrages de jurisprudence. Elle est ouverte le matin, de 10 à 3 heures de relevée, et le soir, de 6 heures à 10 heures. Elle est fermée les dimanches et fêtes, et, pendant les vacances, du 1er septembre au 15 octobre.

## 4. Bibliothèque Mazarine.

### (Au palais de l'Institut.)

306. — Cette bibliothèque est ouverte tous les jours, de 10 heures à 4 heures. Elle est fermée, pendant les vacances, du 15 juillet au 1er septembre, pendant les vacances de Pâques et le lundi de la Pentecôte.

### 5. Bibliothèque de l'Arsenal.

(Rue de Sully, 1.)

307. — La blibliothèque de l'Arsenal est ouverte tous les jours non fériés, de 10 heures à 3 heures. Elle est fermée, pendant les vacances du 15 août au 1er octobre.

### 6. Bibliothèque de la Sorbonne.

(Rue de Sorbonne, 15.)

308. — Ouverte tous les jours de 10 heures à 3 heures, et fermée du 5 juillet au 20 août, cette bibliothèque renferme entre autres ouvrages intéressant les étudiants en droit, un *fac-similé*, reproduit par la photographie du palimpseste de Vérone (*Institutes de Gaïus*, publiées par Studemund. Leipsig 1874, in-4°).

### 7. Bibliothèque de la ville de Paris.

(A l'hôtel Carnavalet, rue Sévigné, 23.)

309. — Cette bibliothèque, spécialement relative à l'histoire de Paris, est ouverte tous les jours, de 10 heures à 4 heures, et en été, jusqu'à 5 heures. — Les vacances ont lieu du 15 août au premier lundi d'octobre. On n'est admis que sur la présentation d'une carte délivrée par le préfet de la Seine.

### 8. Bibliothèque des Beaux-Arts.

(Rue Bonaparte, 14.)

310. — Cette bibliothèque est ouverte tous les jours non fériés, en hiver, de midi à 4 heures, et du 1er mars au 31 octobre, de midi à 5 heures. Elle est fermée du 1er août au 1er octobre. Les cartes d'admission doivent

être demandées au secrétaire de l'École ou au bibliothécaire.

## 9. Bibliothèque de l'École des mines.

(Boulevard Saint-Michel, 60 et 62.)

311. — Cette bibliothèque est ouverte tous les jours,
excepté les dimanches et fêtes, de 11 heures à 3 heures, aux personnes autorisées par le directeur ou par
l'inspecteur de l'École.

## 10. Bibliothèque du Conservatoire national de musique.

(Rue du Faubourg-Poissonnière, 15.)

312. — La bibliothèque de musique qui fait partie de
cet établissement est ouverte au public, tous les jours,
depuis 10 heures jusqu'à 4 heures (les dimanches, les
jours de fête et le temps des vacances exceptés).

## 11. Bibliothèque du Conservatoire des arts et métiers.

(Rue Saint-Martin, 292.)

313. — Cette bibliothèque est ouverte tous les jours,
excepté le lundi, de 10 heures à 3 heures ; et, à l'exception du dimanche et du lundi, de 7 heures 1/2 à 10
heures du soir.

Le *Portefeuille industriel*, comprenant le service des
brevets d'invention et des marques de fabrique est à la
disposition du public.

## 12. Bibliothèque du Muséum d'histoire naturelle.

### (Au Jardin des Plantes.)

314. — La bibliothèque est ouverte aux lecteurs de 10 heures à 3 heures, tous les jours, les dimanches et fêtes exceptés. Des cartes d'admission doivent être demandées, par lettre affranchie, au directeur du *Muséum*, ou à l'un des professeurs.

### SECTION II.

### § 13. *Expositions et Musées.*

SOMMAIRE. — *Musée du Louvre, du Luxembourg, de Versailles. — Ecole des Beaux-Arts. — Musée des Thermes et de l'hôtel Cluny. — Musée de Saint-Germain. — Musée monétaire. — Muséum d'histoire naturelle. — Musée d'artillerie. — Musée minéralogique et géologique. — Conservatoire des arts et métiers. — Exposition annuelle de peinture, de gravure et de sculpture.*

## 1. Musées du Louvre, du Luxembourg et de Versailles.

315. — Les musées du Louvre, du Luxembourg et de Versailles sont ouverts au public tous les jours de la semaine, le lundi excepté, de 9 heures du matin à 5 heures du soir, du 1er avril au 30 septembre, et de 10 heures du matin à 4 heures du soir du 1er octobre au 31 mars. Le public est admis, en toute saison, le dimanche, de 10 heures du matin à 4 heures du soir.

## 2. École des Beaux-Arts.

### (Rue Bonaparte, 14.)

316. — Il y a tous les ans, au mois d'août ou de septembre, une exposition publique des ouvrages envoyés par les pensionnaires de l'Académie de France à Rome. L'ouverture de cette exposition est indiquée par des affiches et des annonces dans les journaux.

## 3. Musée des thermes et de l'hôtel de Cluny.

### (Rue du Sommerard, 24.)

317. — Cet établissement est ouvert au public les dimanches et fêtes, de 11 heures à 4 heures 1/2. Le public est admis tous les jours de la semaine, les lundis exceptés, avec des billets délivrés à la direction du musée, sur demande écrite.

## 4. Musée de Saint-Germain.

### (ANTIQUITÉS GALLO-ROMAINES.)

318. — Ce musée est ouvert à l'étude tous les jours, le lundi excepté, de 10 heures 1/2 à 4 heures, et au public le mardi, le jeudi et le dimanche de 11 heures et demie à 4 heures.

## 5. Musée monétaire.

### (Quai Conti.)

319. — Les salles d'exposition sont ouvertes au public les mardis et vendredis, de midi à 3 heures. On peut visiter les ateliers au moyen d'une permission spéciale délivrée par le directeur de l'administration des monnaies ou par le directeur de la fabrication.

## 6. Muséum d'histoire naturelle.

### (Jardin des Plantes.)

320. — Les galeries d'anatomie, d'anthropologie, de zoologie, de botanique, de minéralogie, de géologie, sont ouvertes au public le dimanche, de midi à 4 heures, et les mardis et jeudis, de 2 à 5 heures, depuis le 1ᵉʳ février jusqu'au 30 novembre, et de 2 heures jusqu'à la nuit, pendant les mois de décembre et de janvier. Elles sont ouvertes aux personnes munies de cartes, les mardis, jeudis et samedis, depuis 11 heures jusqu'à 2.

## 7. Musée d'artillerie.

### (A l'hôtel des Invalides.)

321. — Le public est admis les mardis, jeudis et dimanches, de midi à 3 heures, du 1ᵉʳ octobre au 1ᵉʳ avril, et de midi à 4 heures, du 1ᵉʳ avril au 1ᵉʳ octobre.

## 8. Musée minéralogique et géologique.

### (A l'École des mines, boulevard Saint-Michel, 60 et 62).

322. — Le public est admis les mardis, jeudis et samedis, de 11 heures à 3 heures.

## 9. Conservatoire des Arts et Métiers.

### (Rue Saint-Martin, 292.)

323. — Les salles et galeries de collections sont ouvertes au public les dimanches, mardis et jeudis, depuis 10 heures jusqu'à 4 heures. Les autres jours le prix d'entrée est de un franc par personne, de 10 heures à 3 heures.

## 10. Exposition annuelle de peinture et de sculpture.

321. — Cette exposition, qui a lieu tous les ans, du 1er mai au 20 juin, au *Palais de l'Industrie* (*Champs-Elysées*), est visible tous les jours, de 10 heures à 6 heures, excepté le lundi, où elle n'est ouverte qu'à midi. Le prix d'entrée est de un franc. Le dimanche l'entrée est gratuite.

SECTION III.

§ 14. *Manufactures de l'État.*

SOMMAIRE. — *Manufacture de Sèvres.* — *Manufacture des Gobelins.* — *Manufacture des tabacs.*

### 1. Manufacture de porcelaine.

325. — Le public est admis à visiter, de midi à 4 heures, du 1er octobre au 31 mars, et de midi à 5 heures, du 1er avril au 30 septembre, le musée et les galeries, tous les jours, dimanches et fêtes compris ; les ateliers, les lundis, jeudis et samedis avec carte.

### 2. Manufacture nationale des Gobelins et de la Savonnerie.

326. — Le public est admis à visiter l'établissement le mercredi et le samedi de chaque semaine, de 1 heure à 3 heures.

### 3. Manufacture des tabacs.

(Quai d'Orsay, 63.)

327. — Le public est admis tous les jours, sur la présentation d'une permission du régisseur.

SECTION IV.

## § 15. *Monuments publics, curiosités et promenades.*

Sommaire. — *Palais de la Bourse. — Catacombes. — Hôtel des Invalides. — Imprimerie nationale. — Jardin de l'hôtel de Cluny. — Jardin des plantes. — Jardin d'acclimatation. — Observatoire. — Institution des jeunes aveugles. — Institution des sourds-muets. — Prisons. — Visites dans les égouts. — Château de Vincennes.*

### 1. Palais de la Bourse.

(Place de la Bourse.)

328. — Le Palais de la Bourse est ouvert au public tous les jours, excepté les dimanches et fêtes légales, de 1 heure à 5 heures.

### 2. Catacombes.

329. — Les billets pour visiter les catacombes aux époques réglementaires doivent être demandés à l'ingénieur en chef des mines, inspecteur général des carrières, à la préfecture de la Seine. L'entrée a lieu par le pavillon occidental de l'ancienne barrière d'Enfer. Il est nécessaire de se munir d'une bougie.

### 3. Hôtel des Invalides.

330. — On peut visiter l'hôtel tous les jours, excepté le dimanche, de 11 heures à 5 heures, avec un passe-port ou une permission du gouverneur. Le Tombeau et le Dôme sont ouverts au public les lundis, mardis, jeudis et vendredis, de midi à 3 heures, et les autres jours, de 1 heure à 4 heures, avec une permission du gouverneur. L'entrée a lieu par la place Vauban.

## 4. Imprimerie nationale.

(Rue Vieille-du-Temple, 87.)

331. — On peut visiter l'Imprimerie nationale avec des billets délivrés par le directeur, sur demande écrite.

## 5. Jardin de l'hôtel de Cluny.

332. — Le jardin est ouvert tous les jours, de 11 heures à 4 heures. On entre par la porte de l'hôtel.

## 6. Jardin des plantes.

(Place Walhubert et rue Geoffroy-Saint-Hilaire.)

333. — La ménagerie est ouverte tous les jours, de 11 heures du matin jusqu'à 4 heures, en hiver, et jusqu'à 5 heures en été. L'intérieur de la ménagerie est ouvert de 1 heure à 4 heures aux personnes munies d'une permission. Pour visiter les serres, il faut une autorisation spéciale. L'École botanique n'est ouverte que du 1er mars au 1er septembre, de 6 heures à 9 heures du matin, et de 3 heures à 6 heures de l'après midi, et seulement aux personnes munies d'une carte. Les demandes de cartes doivent être adressées, par lettres affranchies, au directeur du Muséum ou à l'un des professeurs.

## 7. Jardin d'acclimatation.

(Au bois de Boulogne, près la porte Maillot.)

334. — Le prix d'entrée est de 1 franc en semaine, et de 50 centimes le dimanche. Il y a concert le jeudi et le dimanche d'avril à octobre.

## 8. Observatoire.

335. — On peut le visiter avec une permission du directeur.

## 9. Institution des jeunes aveugles.

(Boulevard des Invalides, 56.)

336. — Le public est admis avec une permission du directeur le *mercredi* de 1 heure 1/2 à 5 heures. Il faut également une permission du directeur pour assister aux exercices publics de musique qui ont lieu plusieurs fois par an.

## 10. Institution des sourds-muets.

(Rue Saint-Jacques, 256 )

337. — Le public est admis le samedi de 2 heures à 5 heures, avec une permission du directeur. Il y a dans cet établissement un cours d'orthophonie. (V. n° 347).

## 11. Prisons.

338. — On ne peut visiter les prisons qu'avec une permission spéciale délivrée par le préfet de police, *sur demande motivée.* Les principales prisons sont : le *Dépôt de la préfecture (lieu de détention provisoire);* la *Maison d'arrêt cellulaire* (boulevard Mazas, 23); la *Conciergerie(maison de justice);* le *Dépôt des condamnés* ou *Grande Roquette* (rue de la Roquette, 168); la *prison des jeunes détenus* ou *Petite Roquette* (rue de la Roquette, 143) ; la *maison d'arrêt de Sainte-Pélagie* (rue du Puits-de-l'Hermite, 14) ; la *prison de la Santé* (rue de la Santé, 42) ; la *maison d'arrêt et de correction de Saint-Lazare* (faubourg Saint-Denis, 107).

A la *Conciergerie* on montre le *cachot de Marie-Antoinette*, le *cachot de Robespierre*, et la *salle des Girondins*.

## 12. Visite dans les égouts.

339. — Cette visite a lieu une fois par mois. Des cartes sont délivrées par le directeur des eaux et des égouts à la préfecture de la Seine.

## 13. Château de Vincennes.

340. — Ce château ne peut être visité que le samedi de midi à 4 heures. Les cartes d'entrée doivent être demandées au directeur de l'artillerie de Vincennes ou au commandant de l'artillerie de la place.

SECTION V.

§ 16. *Des concerts.*

SOMMAIRE. — *Concerts du Conservatoire de musique.* — *Concerts populaires.* — *Concerts des Champs-Élysées.* — *Concert du Châtelet.* — *Concerts militaires.* — *Concerts de charité.*

## 1. Concerts du Conservatoire de musique.

(Rue du Faubourg-Poissonnière, 11.)

341. — Ces concerts commencent le deuxième dimanche de janvier, et se continuent de quinzaine en quinzaine jusqu'au mois d'avril. Les loges, stalles d'orchestre et de galeries sont louées par abonnement. Pour les billets de pourtour et d'amphithéâtre, le bureau de location est ouvert le 20 octobre.

## 2. Concerts populaires.

(Au cirque d'hiver, boulevard du Temple.)

342. — Ces concerts ont lieu tous les dimanches, pendant l'hiver, à 2 heures. Prix des places : Parquet, 5 fr., en location ; places numérotées, 3 fr. ; secondes, 1 fr. 25 ; troisièmes, 75 c.

## 3. Concerts des Champs-Élysées.

(Près du Palais de l'Industrie.)

343. — Ces concerts ont lieu tous les soirs, pendant l'été de 8 heures à 10 heures. Le prix d'entrée est de un franc par personne. Le vendredi (*fête de nuit*) le prix est porté à 2 francs.

## 4. Concerts du Châtelet.

344. — Ces concerts, organisés par l'Association artistique, ont lieu, au théâtre du Châtelet, tous les dimanches d'hiver, pendant l'après-midi. Les prix des places sont de 4 fr., 3 fr., 2 fr., 1 fr. 50, 1 fr. 75 c.

## 5. Concerts militaires.

345. — Ces concerts ont lieu, en été, à des heures et à des jours qui varient chaque année, aux jardins des Tuileries, du Luxembourg, du Palais-Royal, et au Jardin d'acclimatation. Dans ce dernier jardin, ils ont lieu d'avril en octobre, le jeudi et le dimanche.

## 6. Concerts de charité.

346. — Des concerts de charité ont lieu en hiver, presque tous les jours, dans les *salles Pleyel* (rue Ro-

chechouart, 22); — *Herz* (rue de la Victoire, 38); — *Érard* (rue du Mail, 13).


## SECTION VI.

### § 17. *Renseignements de diverse nature.*

SOMMAIRE. — *Cours d'orthophonie.* — *Hôtel des ventes mobilières.* — *Ventes publiques de livres.* — *Caisse d'épargne.* — *Mont-de-Piété.* — *Concordance du calendrier républicain avec le calendrier grégorien.* — *Objets perdus par MM. les étudiants.* — *Formalités à remplir pour retirer un chien de la fourrière.* —*Bureaux de recrutement.*—*Permis de chasse.* —*Passeport.*— *Voitures publiques.* — *Droits respectifs des voyageurs et des cochers.* — *Plaintes contre les cochers.* — *Bureaux de poste et bureaux télégraphiques.* — *Bureaux de vente de papier timbré.* — *Établissements financiers.* — *Changeurs.* — *Principales cliniques.* — *Service médical de nuit.* — *Marchés aux fleurs.*


### 1° *Cours d'orthophonie.*

#### (Rue Saint-Jacques, 254.)

347. — Le cours d'orthophonie pour le redressement des vices de la parole, d'après la méthode du docteur Colombat de l'Isère, comporte, avec l'enseignement de l'articulation normale des mots de la langue, l'étude de la diction expressive, de la lecture à haute voix, de la prononciation lyrique, de la pose, de l'appui et du développement de la voix esthétique. Le cours est dirigé par M. Colombat, ex-professeur d'orthophonie au Conservatoire national de musique et de déclamation ; il a lieu pendant toute la durée de l'année scolaire. Les demandes en autorisation de *suivre gratuitement* le cours d'orthophonie sont reçues à l'*Institution nationale des sourds-muets*, rue Saint-Jacques, 254 à Paris.

### 2° *Hôtel des ventes mobilières.*

**348.** — Les ventes mobilières aux enchères publiques (mobiliers, tableaux, etc.), volontaires ou forcées, ont lieu dans l'*Hôtel des Ventes*, rue Drouot, 5.

### 3° *Ventes publiques de livres.*

**349.** — Les ventes publiques de livres ont lieu ordinairement le soir dans la *salle Sylvestre*, rue des Bons-Enfants.

### 4° *Caisse d'Épargne.*

**350.** — La caisse centrale (*rue Coq-Héron*, 9), est ouverte tous les jours de 10 heures à 1 heure. — Il y a des succursales dans toutes les mairies (excepté aux mairies du 1ᵉʳ et du 2ᵉ arrondissements qui sont desservies par la *Caisse centrale*). Ces succursales sont ouvertes le dimanche et le lundi.

**351.** — Les versements sont reçus depuis 1 fr. et ne peuvent excéder 300 fr. par semaine. Aucun déposant ne peut avoir à son compte plus de 1,000 francs. L'intérêt réglé tous les ans est ajouté au capital pour produire des intérêts. Les remboursements partiels sont effectués à vue, et les remboursements totaux sur demande préalable. La caisse achète d'office et sans frais 10 francs de rente à tout déposant dont le compte excède 1,000 fr., trois mois après la capitalisation des intérêts qui a lieu au 31 décembre de chaque année.

### 5° *Caisse d'épargne postale.*

**352.** — La Caisse d'épargne est placée, par la loi, SOUS LA GARANTIE DE L'ÉTAT.

Elle donne à toute personne le droit de placer, DANS DES CONDITIONS DE SÉCURITÉ ABSOLUE, le produit de ses économies.

Le minimum de chaque versement est fixé à *un franc* (1 fr.). Le compte de chaque personne ne peut dépasser *deux mille francs* (2,000 fr.) versés en *une* ou *plusieurs fois*.

LIVRET NATIONAL DÉLIVRÉ GRATUITEMENT. Après le premier versement, il est remis *gratuitement* à l'intéressé *un* LIVRET NATIONAL au moyen duquel *tout déposant peut continuer ses versements et retirer son argent* DANS LES 6,000 BUREAUX DE POSTE, *ouverts tous les jours, y compris les dimanches et jours fériés, au service de la Caisse d'épargne postale.*

INTÉRÊT. Les sommes déposées produisent un intérêt annuel de *trois francs pour cent* (3 fr. p. 100). Cet intérêt part du 1er ou du 16 de chaque mois qui suit le jour du versement. Au 31 décembre de chaque année, l'intérêt acquis s'ajoute au capital et devient lui-même productif d'intérêt.

ACHAT GRATUIT DE RENTES. Tout déposant dont le crédit est suffisant pour acheter *dix francs* (10 fr.) de rente *ou davantage*, peut faire opérer cet achat *sans frais*, par la Caisse d'épargne postale.

TRANSFERTS. Tous les receveurs des postes se chargent de remplir les formalités voulues pour faire transférer à la Caisse d'épargne postale, *sans frais pour les intéressés*, les fonds déposés dans les caisses d'épargne privées.

MINEURS. Les mineurs peuvent se faire ouvrir des livrets, *sans l'intervention de leur représentant légal*.

VERSEMENTS. A chaque versement, il est remis au déposant une quittance *extraite d'un livre à souche* en

9.

échange de laquelle le livret lui est rendu dans le délai maximum de trois jours francs, soit au bureau de poste, *soit à domicile, s'il en a exprimé le désir.*

REMBOURSEMENTS. Les titulaires de livrets qui veulent se faire rembourser *tout* ou *partie* de leur compte adressent *directement* leur demande au Ministre des Postes et des Télégraphes, à Paris. *Par le retour du courrier*, ils reçoivent l'autorisation de toucher leurs fonds au bureau de poste qu'ils ont désigné suivant leur convenance.

NOTA. Les demandes de livret, de remboursement, de transfert et d'achat de rente se font au moyen de formules imprimées qui sont mises à la disposition du public, dans *tous* les bureaux de poste. Les agents des postes sont tenus de donner au public tous les renseignements complémentaires sur le service de la Caisse d'épargne postale qui pourraient leur être demandés.

*Toute réclamation concernant le service de la Caisse d'épargne postale doit être adressée directement et sans affranchir, au Ministre des Postes et des Télégraphes, à Paris.*

### 6° *Mont-de-Piété.*

353. — Le bureau central est installé, rue des Francs-Bourgeois, 55. Deux succursales sont établies, l'une rue Bonaparte, 10, l'autre rue Servan, 32, sur les terrains de la Roquette. Il y a, en outre, vingt-deux bureaux auxiliaires. Deux de ces bureaux sont dans le quartier Latin. Le bureau G, rue Saint-Séverin, 2, le bureau H, rue du Vieux-Colombier, 31. Il y a un commissionnaire au Mont-de-Piété, rue de l'Odéon, 8, et boulevard Saint-Germain, 82.

**354.** — CONDITIONS DES ENGAGEMENTS. — L'engagement est fait pour un an, au taux de 9 0/0 ; mais il est loisible à l'emprunteur de se libérer par anticipation. On doit présenter un passeport ou des papiers établissant son identité pour tout engagement excédant une somme de 15 francs. Les objets non retirés, dont l'engagement n'a pas été renouvelé sont vendus au bout de treize mois.

*7° Concordance du calendrier républicain avec le calendrier grégorien.*

**355.** — Un grand nombre de lois et de décrets de l'époque révolutionnaire étant encore en vigueur, nous croyons utile de donner ici quelques notions sur la concordance du calendrier grégorien.

## Concordance des mois.

| | |
|---|---|
| 1er vendémiaire.................... ..... | 22 septembre. |
| 1er brumaire............... ........... | 22 octobre. |
| 1er frimaire.................. ..... | 21 novembre. |
| 1er nivôse......................... ... | 21 décembre. |
| 1er pluviôse........... ............ | 20 janvier. |
| 1er ventôse.............. ........... | 20 février. |
| 1er germinal......... .... .............. | 22 mars. |
| 1er floréal............................ | 21 avril. |
| 1er prairial........................... | 21 mai. |
| 1er messidor......................... | 20 juin. |
| 1er thermidor......................... | 20 juillet. |
| 1er fructidor...................... .... | 19 août. |

## Concordance des années.

| | | | |
|---|---|---|---|
| An II.............. | 1793 | An IX.......... ... | 1800 |
| An III.......... . | 1794 | An X.......... ... | 1801 |
| An IV............ | 1795 | An XI............ | 1802 |
| An V........ .... | 1796 | An XII....... ... | 1803 |
| An VI........... | 1797 | An XIII.........:. | 1804 |
| An VII........... | 1798 | An XIV.... ....... | 1805 |
| An VIII.......... | 1799 | | |

*N. B.* Dans le calendrier républicain, l'année se divise en douze mois, le mois en trois décades (1).

Il y a cinq jours complémentaires à la fin de l'année (30 fructidor-17 septembre) et six tous les quatre ans (2).

L'ère commence le 22 septembre 1792, date de la proclamation de la République.

### 8° *Objets perdus par MM. les étudiants.*

356. — MM. les étudiants doivent s'adresser au secrétariat pour réclamer les objets perdus par eux à la bibliothèque, et dans les amphithéâtres ou salles d'examens. Quant aux objets perdus en dehors de l'École, ils doivent s'adresser à la *Préfecture de Police*, au *bureau des objets perdus.*

---

(1) La décade se compose de 10 jours : primidi, duodi, tridi, quartidi, quintidi, sextidi, septidi, octidi, nonidi, décadi.

A chaque décadi correspond le nom d'un instrument d'agriculture ; à chaque quintidi, le nom d'un animal utile ; aux autres jours, le nom d'un produit minéral ou végétal.

(2) La période de quatre ans, au bout de laquelle il faut ajouter un jour complémentaire (ou sans-culottide) s'appelle la *Franciade.* La quatrième année de la Franciade est bissextile.

9° *Formalités à remplir pour retirer un chien de la fourrière.*

357. — 1° Se rendre, le jour même de la perte du chien (1), rue de Pontoise, n° 19, à la fourrière, pour y faire sa déclaration, donner son adresse, et y déposer le signalement du chien.

2° Aussitôt le chien reconnu, aller chez le commissaire de police de son quartier, avec deux témoins patentés pour s'y faire délivrer un certificat d'identité.

(Nota). — Si le chien est *sans valeur*, la présentation de cette pièce au gardien de la fourrière suffit pour obtenir son élargissement immédiat.

3° Si le chien est de *valeur*, et par conséquent numéroté en fourrière ou consigné, se rendre, muni du certificat d'identité, à la Préfecture de police (2e division, 3e bureau), où l'on délivre une *lettre de sortie*, moyennant payement des frais de nourriture, à raison de *quinze centimes* par repas, plus 1 fr. 50 pour frais de conduite (2).

10° *Bureaux de recrutement.*

358. — Le dépôt de recrutement de la Seine se com-

(1) A défaut de réclamations dans les délais réglementaires, les chiens réputés de valeur sont *vendus* ou *pendus* passé le délai de *huit jours*, et ceux réputés sans valeur sont *pendus le lendemain* de leur incarcération, à quatre heures précises.

(2) En cas d'insuccès à la fourrière, il y aurait presque certitude que le chien a été volé par des industriels dits *marchands de chiens sur commande ;* et alors, en se rendant *le dimanche* aux marchés du carré Saint-Martin et de Montparnasse, surtout chez les marchands de vins environnants, on serait presque assuré de le retrouver.

pose de cinq bureaux, savoir le *bureau central* et quatre *bureaux auxiliaires*.

BUREAU CENTRAL. — Rue Saint-Dominique, 71. — Rengagements et visites du docteur : les lundis, mercredis, vendredis, à midi.

PREMIER BUREAU AUXILIAIRE. — Poste-caserne, n° 5, bastion 33. Boulevard Ney : 10e, 19e et 20e arrondissements. Cantons de Pantin et de Saint-Denis. Devancement d'appel et visites du docteur les lundis et jeudis, à 11 heures.

DEUXIÈME BUREAU. — Poste-caserne n° 8, bastion 59, Boulevard Suchet : 1er, 7e, 8e, 9e, 15e, 16e, 17e et 18e arrondissements. Cantons de Courbevoie et de Neuilly. Devancements d'appel et visites du docteur, les mardis et vendredis, à 11 heures.

TROISIÈME BUREAU. — Poste-caserne n° 12, bastion 77. Boulevard Brune : 4e, 5e, 6e, 13e et 14e arrondissements. Cantons de Sceaux et de Villejuif. Devancements d'appel et visites du docteur, les mardis et vendredis, à 11 heures.

QUATRIÈME BUREAU. — Poste-caserne, n° 1, bastion. Boulevard Poniatowski. Devancement d'appel et visites du docteur, les mercredis et samedis, à 11 heures.

### 11° *Permis de chasse.*

359. — Les permis de chasse sont délivrés, sur l'avis du maire et du sous-préfet de l'arrondissement dans lequel celui qui en fait la demande a sa résidence ou son domicile. La demande doit être adressée au maire. A Paris, ils sont délivrés par le préfet de police, sur l'avis des commissaires de police. La demande doit être formulée sur une feuille de papier timbré de 60 centimes.

Dans le cas de renouvellement d'un permis, l'ancien titre doit être joint à la demande et celle-ci, comme la demande primitive, doit être sur papier timbré. En outre, il est indispensable que la demande soit accompagnée de la quittance du percepteur constatant le versement des droits, fixés aujourd'hui à 28 francs. — Les permis de chasse sont valables pour un an seulement.

### 12° *Passeports.*

360. — Les passeports sont délivrés dans chaque commune, par les maires. A Paris, ils sont délivrés par la préfecture de police, sur le vu d'un certificat du commissaire de police.

Pour obtenir ce certificat, il faut se présenter au commissariat de police de son quartier, accompagné de deux témoins, et produire, si l'on est mineur, le consentement de ses parents ou tuteur. Les passeports ne sont valables que pour un an. Leur délivrance donne lieu à un droit de deux francs pour l'intérieur, et de dix pour l'étranger.

### 13° *Voitures publiques.*

361. — Il existe à Paris plusieurs entreprises de voitures publiques.

La *Compagnie générale* est la plus importante de toutes. Elle comprend à elle seule *la moitié* des voitures circulant. Chaque cocher doit remettre au voyageur un bulletin indicatif du tarif.

#### 1° TARIF MAXIMUM DANS L'INTÉRIEUR DE PARIS.

Le décret du 13 mai 1866 distingue entre le tarif de jour et le tarif de nuit. Il est *jour*, au point de vue de l'application du tarif, de 6 heures du matin en été (31 mars au 1er octobre), et de 7 heures du matin en hiver (1er octobre au 31 mars). — Il est *nuit*, de minuit 30 minutes à 6 heures du matin en été, et 7 heures du matin en hiver.

**A.** — *Voitures de place et voitures de remise chargeant sur la voie publique.*

### Voitures à 2 et 3 places.

|  | jour | nuit |
|---|---|---|
| Course | 1 fr. 50 | 2 fr. 25 |
| Heure | 2 fr. | 2 fr. 50 |

### Voitures à 4 places avec galerie pour bagages.

| | jour | nuit |
|---|---|---|
| Course | 2 fr. | 2 fr. 50 |
| Heure | 2 fr. 50 | 3 fr. |

**B.** — *Voitures de remise prises dans les lieux de remisage.*

### Voitures à 2 et 3 places.

| | jour | nuit |
|---|---|---|
| Course | 1 fr. 80 | 3 fr. |
| Heure | 2 fr. 25 | 3 fr. |

### Voitures à 4 et 5 places.

| | jour | nuit |
|---|---|---|
| Course | 2 fr. 25 | 3 fr. |
| Heure | 2 fr. 75 | 3 fr. |

## 2° TARIF MAXIMUM AU DELA DES FORTIFICATIONS.

De 6 heures du matin à minuit en été, de 6 heures du matin à 10 heures du soir en hiver.

**A.** — *Voitures de place et voitures de remise chargeant sur la voie publique.*

### Voitures à 2 et 3 places.

Course et heure...... 2 fr. 50

Voitures à 4 et 5 places.

Course et heure.............................. 2 fr. 75
Indemnité de retour 1 fr., lorsque les voyageurs quitteront la voiture hors des fortifications.

B. — *Voitures de remise prises dans les lieux de remisage.*

Voitures à 2, 3, 4 et 5 places.

Course et heure.............................. 3 fr.
Indemnité de retour.......................... 2 fr.

3° TARIF DE L'INDEMNITÉ POUR LE TRANSPORT DES COLIS.

1 colis...................................... 25 c.
2 colis...................................... 50 c.
3 colis et au-dessus......................... 75 c.

*Droits respectifs des voyageurs et des cochers.*

362. — 1° Les cochers sont tenus de se rendre au domicile du voyageur pour y charger. Lorsque le temps employé pour le déplacement et pour l'attente du voyageur excède 15 minutes, le tarif à l'heure est appliqué à partir du moment où la voiture aura été louée.

2° Lorsqu'un cocher s'est rendu à domicile et n'est pas employé, il lui est payé la moitié du prix d'une course ordinaire, si le temps employé pour le déplacement et l'attente ne dépasse pas un quart d'heure ; le prix entier d'une course, si le temps excède un quart d'heure.

3° Les cochers loués à la course ont le droit de suivre la voie la plus courte ou la plus facile ; ils ne peuvent prétendre qu'au prix de la course lorsque, sans s'écarter de l'itinéraire, ils sont requis de déposer, pendant le trajet, un ou plusieurs voyageurs, ils ont droit au prix de l'heure, lorsque ayant été loués pour une course, ils sont requis de changer l'itinéraire le plus direct pour se rendre à destination, ou lorsque les voyageurs font décharger des colis placés à l'extérieur de voiture.

4° Les cochers loués à l'heure doivent suivre l'itinéraire indiqué par le voyageur.

5° Les cochers loués à la course et les cochers loués à l'heure (sauf le cas où ces derniers seront requis par les voyageurs d'aller au pas) doivent faire marcher leurs chevaux de manière à parcourir 8 kilomètres à l'heure pour les voitures de place et 10 kilomètres pour les voitures de remise.

6° La première heure est due intégralement, lors même qu'elle ne serait pas entièrement écoulée. Le temps excédant la première heure est payé proportionnellement à la durée.

7° Les cochers pris à la course ou à l'heure avant minuit 30 minutes, qui arrivent à destination après cette heure, n'ont droit qu'au prix fixé pour le jour, pour la course, ou pour la première heure.

Les cochers pris à la course ou à l'heure, avant six heures du matin en été, et sept heures en hiver, ont droit au tarif de la nuit pour la course, et la première heure, quand bien même ils arriveraient à destination après ces deux heures.

8° De six heures du matin à dix heures du soir en hiver, et minuit en été, les cochers ne seront tenus de franchir les fortifications, pour conduire les voyageurs dans les *Bois de Boulogne* et de *Vincennes*, ou dans les communes contiguës à Paris, qu'autant qu'ils auront été pris à l'heure (1).

(1) Les communes dont le territoire est contigu à Paris sont :

Ils ne seront pas tenus de franchir les fortifications après dix heures du soir en hiver, et minuit en été, ni de conduire en aucun temps des voyageurs dans les communes dont le territoire n'est pas contigu à Paris.

Le transport dans ces communes, de même que le transport dans les autres, après dix heures du soir en hiver et minuit en été, est réglé de gré à gré.

Tout cocher qui sera pris avant dix heures du soir en hiver et minuit en été, pour se rendre soit dans les bois de *Vincennes* ou de *Boulogne*, soit dans les communes dont le territoire est contigu à Paris, ne pourra exiger, lors même qu'il arriverait à destination après dix heures ou minuit, suivant la saison, un salaire plus élevé que celui qui résulte du tarif de jour.

9°. — Lorsque les chevaux ont été employés par le même voyageur à l'extérieur pendant deux heures, sans aucun repos, le cocher peut les faire reposer pendant vingt minutes : ce temps de repos est à la charge du voyageur.

10°. — Lorsqu'un cocher est loué en dehors des fortifications, à destination de Paris, il n'a droit qu'au prix du tarif de l'heure dans l'intérieur de Paris.

11°. — Lorsqu'un cocher est loué dans l'intérieur de Paris pour conduire directement dans l'une des communes dont le territoire est contigu aux fortifications, le tarif de l'extérieur lui est dû à partir de la location.

Lorsqu'un voyageur, après avoir employé une voiture à l'heure ou à la course dans l'intérieur de Paris, se fait

Charenton, Prés-Saint-Gervais, Saint-Mandé, Montreuil, Bagnolet, Romainville, Pantin, Aubervilliers, Saint-Ouen, Saint-Denis, Clichy, Neuilly, Boulogne, Issy, Vanves, Montrouge, Arcueil, Gentilly, Ivry et Vincennes.

conduire hors des fortifications, le temps dans Paris lui est compté suivant le tarif de l'intérieur : le temps employé au delà des fortifications est payé suivant le tarif de l'extérieur.

12°. — Tous les colis que le voyageur fait placer sur l'impériale des voitures ou sur le siège des cochers, quels que soit leur nature ou leur volume, seront assujettis à la taxe fixée ci-dessus.

Les cochers sont tenus d'en effectuer le chargement et le déchargement.

Ne sont pas regardés comme colis, et doivent être dès lors transportés gratuitement : les cartons, sacs de voyage, valises, parapluies, cannes, épées, et généralement tous les objets que les voyageurs peuvent porter à la main ou tenir dans l'intérieur de la voiture sans la détériorer.

13°. — Les droits de péage pour le passage des ponts ou bacs ne seront à la charge des voyageurs que lorsque ceux-ci auront demandé à y passer.

14°. — Dans aucun cas, les cochers ne pourront exiger de pourboire.

363. — Plaintes contre les cochers. — Réclamations sur le service des voitures de place. — Un registre est déposé dans l'intérieur de l'office des locations de la Compagnie générale des voitures, 17, *boulevard Montmartre*. Toute personne est admise à y inscrire ses plaintes ; il est répondu dans les 48 heures à toutes les réclamations inscrites sur le registre.

364. — Indications pour la sortie des théatres. — Pour la sortie des théâtres et le soir, à partir de onze heures, il est préférable de prendre une voiture aux lanternes de son quartier, savoir :

**Bleues** : Popincourt — Belleville.

**Jaunes** : Poissonnière — Montmartre.
**Rouges** : Champs-Elysées — Passy — Batignolles.
**Vertes** : Invalides — Observatoire.

365. — Objets oubliés dans les voitures. — Pour épargner aux clients de la Compagnie Générale des Voitures la peine de faire une course inutile en venant réclamer au siège de l'Administration, 1, *place du Théâtre-Français*, les objets oubliés dans les voitures, sans savoir s'ils ont été retrouvés et déposés par les cochers, l'Office de Locations, 17, *boulevard Montmartre*, reçoit les réclamations. Les réclamants sont prévenus, par lettre, du résultat de la recherche, et, si les objets ont été retrouvés, ils sont informés de ce qu'ils ont à faire pour les recouvrer. Il est nécessaire de conserver le numéro de la voiture et de l'envoyer à l'appui de la réclamation.

14°. *Bureaux de poste et bureaux télégraphiques.*

**A. — *Bureaux de poste.***

366. — MM. les étudiants trouveront partout (et notamment dans l'almanach des postes des renseignements circonstanciés sur le service des postes. Nous nous bornerons à en rappeler ici quelques-uns.

367. — *Bureaux ouverts au public.* — Nous n'indiquerons que ceux de ces bureaux qui se trouvent dans le *quartier Latin*, savoir : 5ᵉ *arrond.*, rue Cardinal-Lemoine, 28. — Rue Monge, 88. — Rue des Feuillantines, 91 : 6ᵉ *arrond.* Rue Serpente, 18. — Rue de Vaugirard, 36. — Rue du Cherche-Midi, 52. — Rue Bonaparte, 21. Ces bureaux sont ouverts de 8 heures du matin à 8 heures du soir, les dimanches et fêtes, jusqu'à 5 heures seulement.

368. — *Distribution.* — Il y a 8 distributions par

jours, qui commencent : la 1^re à 7 h. 30 ; la 2^e à 9 h. ; la 3^e à 11 h. 30 ; la 4^e à 1 h. 30 ; la 5^e à 3 h. 30 ; la 6^e à 5 h. 30 ; la 7^e à 6 h. 30 ; la 8^e à 7 h. 30. Les 4^e, 6^e et 7^e distributions n'ont pas lieu les dimanches.

369. — *Tarif postal.* — La taxe des lettres affranchies est de 15 centimes par 15 grammes ou fraction de 15 grammes, en augmentant de 15 centimes pour chaque 15 grammes.

La taxe des lettres non affranchies est fixée à 30 centimes par 15 grammes ou fraction de 15 grammes.

370.--*Lettres recommandées.*—Droit fixe : 25 centimes en sus du port de la lettre.

371.—*Lettres chargées.* —Droit fixe : 25 centimes en sus du port de la lettre, plus 10 centimes par 100 fr. ou fraction de 100 fr. des valeurs déclarées. *Avis de réception*, 10 centimes.

372. — *Cartes postales.* — La taxe des cartes postales est de 10 centimes. Celle des journaux et recueils paraissant au moins une fois par trimestre est de 2 centimes, jusqu'à 25 grammes. Au-dessus de 25 grammes, le port est augmenté de 1 centime par 25 grammes.

373. — *Poste restante.* — Les lettres ordinaires recommandées et les valeurs déclarées, adressées poste restante à Paris, sans autre indication, ne peuvent être retirées qu'au bureau central (*Place du Carrousel*). Pour pouvoir être retirées dans un autre bureau de la capitale, elles doivent porter sur la suscription la désignation de ce bureau. Ouvert de 8 heures du matin à 10 heures du soir ; dimanches et fêtes, fermé à 5 heures.

374. — *Abonnements aux journaux.* — La poste fait ces abonnements moyennant 3 pour 100 sur le prix d'abonnement.

375. — *Mandats de poste.* — Droit de 1 pour 100, plus 25 c. de timbre lorsque la somme est au-dessus de 10 fr.

376. — *Mandats télégraphiques.* — Même droit, plus les frais de la dépêche télégraphique.

377. — *Mandat-carte.* — Avis de venir toucher, envoyé gratuitement par l'administration des postes.

378. — *Recouvrement des effets de commerce.* — 10 centimes par 20 fr. ou fraction de 20 fr. du montant et en plus 50 centimes par valeur, 25 c. pour frais de recommandation de la valeur recouvrée.

379. — *Objets recommandés.* — 25 centimes en sus de la taxe applicable à l'objet.

380. — *Mandats de poste internationaux.* — Droit de 20 centimes par 10 fr. délivrés seulement pour l'Allemagne, la Belgique, les colonies ou établissements néerlandais, le Danemark, la Grande-Bretagne, l'Italie, le Luxembourg, les pays-Bas, la Suède et la Suisse.

381. — *Levées exceptionnelles avec taxes supplémentaires.* — Ces levées ont lieu aux heures et dans les bureaux indiqués ci-après, savoir :

De 3 heures 45 à 6 heures du soir, moyennant une taxe d'affranchissement supplémentaire de 20 centimes par lettre, et de 6 heures à 6 heures 15 du soir moyennant une taxe d'affranchissement supplémentaire de 40 centimes par lettre, aux bureaux situés : rue des Halles; rue du Luxembourg ; rue d'Antin 19 ; boulevard Beaumarchais, 83 ; rue des Vieilles-Haudriettes, 4 ; rue du Cardinal-Lemoine, 28 ; rue Bonaparte, 21 ; rue Saint-Dominique-Saint-Germain, 56 ; place de la Madeleine, 38 ; rue Taitbout, 16 ; rue Saint-Lazare, 11 ; rue d'Enghien, 21.

De 6 heures à 6 heures 15 du soir, moyennant une

taxe d'affranchissement supplémentaire de 20 centimes par lettre, et de 6 heures à 6 heures 30 du soir, moyennant une taxe d'affranchissement supplémentaire de 40 centimes par lettre, aux bureaux situés :

Rue Saint-Honoré, 202; place de la Bourse, 4; rue de Cléry, 23, et Hôtel des Postes.

De 6 heures 30 à 7 heures du soir, moyennant une taxe supplémentaire d'affranchissement de 60 centimes par lettre, Hôtel des Postes seulement.

**382.** — *Levées spéciales aux bureaux situés auprès des gares de chemins de fer .*

Des levées spéciales ont lieu avant le départ des trains-postes, aux bureaux et pour les lignes ci-après désignés, savoir :

Bureau de la gare du Nord. — Lignes de Calais, Boulogne, Lille et Valenciennes.

Bureau de la rue de Strasbourg. — 2 Lignes de Charleville, Strasbourg, Forbach, Bâle et Mulhouse.

Bureau du boulevard Mazas, 19. — Lignes d'Auxerre, de Besançon, Lyon, Marseille, Clermont et Saint-Étienne.

Bureau de la gare d'Orléans et du boulevard Beaumarchais, 83. — Lignes de Limoges, Toulouse, Bordeaux, Nantes, Vannes, Quimper.

Bureau de la rue du Cherche-Midi, 53. — Lignes du Mans, Alençon, Rennes et Brest.

Bureau rue de Londres, 30 et place de la Madeleine, 28. — Lignes de Caen, Granville, Cherbourg, Dieppe, Rouen et le Havre.

(Voir pour les heures de levées, le tableau de l'organisation du service des postes à Paris, affiché dans les bureaux et auprès de toutes les boîtes.)

**383.** — *Tarif pour l'étranger et les colonies françaises.*— *Pays compris dans l'union postale universelle.*

| DESTINATION | Lettres ordinaires | Cartes postales | Papiers d'affaires | Échantillons | Journaux et imprimés |
|---|---|---|---|---|---|
| **1re Zone.**<br>Europe entière, Egypte, Maroc, Russie d'Asie et Turquie d'Asie. En Chine : Urga-Pékin, Kalgan, Tien-Tsin (voie Russie).Perse (voie Russie ou Turquie). Colonies françaises, Etats-Unis d'Amérique du Nord, Canada et Terre-Neuve. | 0 f. 25 par 15 grammes | 0 f. 10 | 25 c. jus. 250 gr. 5 c. par 50 gr. en plus | 10 c. jus. 100 gr. 5 c. par 50 gr. en plus | 0 f. 05 par 50 gr. |
| **2e Zone.**<br>Brésil, République Argentine, Mexique, Honduras, Pérou, Salvador, Libéria, Perse, (v. du golfe Persique), Japon, Shangaï, Chine (v. de Suez). colonies Danoises, colonies Espagnoles. colonies Néerlandaises, colonies Portugaises, Indes britanniques, et bureaux indiens en Asie, à Aden et à Zanzibar, colon. Anglaises en Asie et Afrique (moins le Cap), Natal, Ascension et St-Hélène. Bermudes, Guyane anglaise Jamaïque, Trinité, Honduras, Britannique et les îles Falkand. | 0 f. 35 par 15 grammes | 0 f. 15 | Comme ci-dessus avec addition d'un port maritime de 3 centimes par chaque 50 grammes. | | 0 f. 08 par 50 gr. |

B. — *Bureaux télégraphiques* (1).

**334.** — *Bureaux ouverts au public.* — Les bureaux qui se trouvent dans le quartier Latin sont : 5e *arrondissement*, boulevard Saint-Germain, 11 ; rue Santeuil, 2, (Halle au cuirs). — 6e *arrondissement*, boulevard Saint-André, 3 ; rue des Saint-Pères, 35 ; Palais du Luxembourg ; rue de Vaugirard, 17 (*ouvert jusqu'à minuit*) ; de Rennes, 154. — Les bureaux sont ouverts à 7 heures du matin en été, et à 8 heures en hiver et ferment en toute saison, à 9 heures du soir (*sauf les exceptions signalées*).

**385.** — *Taxes télégraphiques.* — La taxe est de 5 centimes par mot sans que le prix de la dépêche puisse être inférieur à 50 centimes. L'expéditeur qui veut obtenir un *accusé de réception* doit payer une nouvelle taxe, égale à celle de la dépêche.

**386.** — *Cartes télégrammes.* — Ces cartes pour lesquelles le nombre de mots n'est pas limité, ne peuvent circuler que dans l'ancien Paris (*enceinte de l'ancienne barrière d'octroi*). Elles sont à découvert ou fermées. Le prix des premières est de trente centimes ; celui des secondes est de cinquante centimes.

15° *Vente de papier timbré.*

**387.** — Il y a deux bureaux pour la vente de papier timbré dans le quartier des Écoles : *Rue Gay-Lussac*, 28, *et rue du Cherche-Midi*, 31. Il existe, en outre, un cer-

---

(1) Trois bureaux sont ouverts toute la nuit : 1o Rue Grenelle-Saint-Germain, 103 (*Direction générale*) ; 2o place de la Bourse, 12 ; 3o place du Havre, rue Saint-Lazare, 112. — Après 9 heures du soir, les dépêches ne sont reçues dans les bureaux de nuit que pour les villes où le service de nuit est établi.

tain nombre de bureaux de tabac où cette vente est autorisée. Ces bureaux sont désignés au public par une affiche spéciale.

### 16°. *Etablissements financiers.*

388. — Les principaux établissements financiers sont :

1° La Banque de France, rue de la Vrillière, 1 et 3, et rue Croix-des-Petits-Champs, 39.

2° La Caisse des dépôts et consignations, rue de Lille, 56.

3° Le Crédit foncier, rue Neuve-des-Capucines, 17.

4° Le Crédit mobilier, place Vendôme, 15.

5° Le Comptoir d'escompte, rue Bergère, 14.

6° La Société des dépôts et comptes courants, place de l'Opéra, 2.

7° Le Crédit Lyonnais, boulevard des Italiens qui a de nombreuses agences dans Paris, et notamment boulevard Saint-Michel, 25 (U), rue de Rennes, 66 (V), boulevard Saint-Germain, 205 (X), et rue Monge, 119 (Y).

### 17° *Changeurs.*

389. — Nous signalons aux étudiants parmi les maisons de change les plus honorablement connues la *Maison Poilloux*, boulevard Saint-Michel, 32, près la rue Racine. Cette maison qui existe au même endroit depuis plus de dix-huit ans, se charge, à des conditions très modérées, de la vente et de l'achat au comptant des fonds publics et étrangers et prend à l'encaissement les coupons, dix jours avant leur échéance. Elle souscrit à tous les emprunts et donne des renseignements gratuits sur toutes les valeurs cotées et non cotées.

Commission pour le payement des coupons, 25 centimes par 100 fr. pour l'achat et vente de valeurs, 1 fr. 25 par 1000 fr.

390. — Nous croyons utile de donner ici le rapport des principales monnaies étrangères avec les monnaies françaises.

### Amérique (États-Unis).

|  | FR. | C. |
|---|---|---|
| OR. — Double-Aigle (20 dollars)............... | 103.42 |
| Un dollar.................................... | 5.17 |
| ARGENT. — Un dollar (100 cents)............... | 5.31 |

### Angleterre.

|  | FR. | C. |
|---|---|---|
| OR. — Livre sterling (20 schellings)........... | 25.15 |
| Demi-souverain (10 shellings)............... | 12.57 |
| ARGENT. — Couronne (5 shellings)............ | 6.28 |
| Demi-couronne.......................... | 3.14 |
| Shelling (12 pen.)....................... | 1.25 |

### Allemagne.

|  | FR. | C. |
|---|---|---|
| OR. — Doppelkrone (20 marks)............... | 21.64 |
| Krone (10 marks)........................ | 12.32 |
| ARGENT. — 3 marks........................ | 3.75 |
| 1 mark................................. | 1.25 |

### Autriche.

|  | FR. | C. |
|---|---|---|
| OR. — Quadruple ducat..................... | 47.21 |
| Ducat.................................. | 11.80 |
| Huit florins............................ | 19.95 |
| ARGENT. — Deux florins................... | 4.90 |
| Un florin.............................. | 2.50 |

## Danemark, Suède-Norvège.

|                                        | fr.  c. |
|----------------------------------------|---------|
| Or. — Pièce de 20 couronnes            | 28.»»   |
| *Id.* de 10 couronnes                  | 14.»»   |
| Argent. — 1 specie (4 couronnes)       | 5.60    |
| 1 couronne                             | 1.40    |

## Espagne.

| Or. — Doublon          | 25.95 |
|------------------------|-------|
| Quatre escudos         | 10.30 |
| Deux escudos           | 5.19  |
| Argent. — Duro         | 5.15  |
| Escudo                 | 2.57  |
| Peseta                 | 1 »»  |
| Media peseta.          | ».50  |

## Portugal.

| Or. — Couronne          | 55.88 |
|-------------------------|-------|
| Demi-couronne           | 27.94 |
| 1/4 de couronne         | 13.97 |
| 1/10 de couronne        | 5.60  |
| Argent. — Cinq testons  | 3.»»  |
| Deux testons            | 1.20  |
| Teston                  | ».60  |

## Russie.

| Or. — Demi-impérial     | 20.60 |
|-------------------------|-------|
| Argent — Rouble         | 3.92  |
| 1/2 rouble              | 1.96  |

*Nota.* — La Belgique, la Suisse et l'Italie ont adopté le système décimal.

10.

## 18°. *Principales cliniques.*

### 391. — 1° *Dans les hôpitaux.*

*Maladies des yeux.* — Consultations gratuites, les mardis, jeudis, samedis, à 10 heures du matin à la Charité, 47, rue Jacob.

*Maladies du larynx* et examens laryngoscopiques, les mardis et jeudis, à 9 heures à l'hôpital Lariboisière, rue Ambroise Paré.

*Maladies des dents.* — Les lundis et vendredis, à 9 heures du matin, à la Charité.

*Maladies des oreilles.* — Les Dimanches, à 9 heures à l'hôpital Beaujon. Faubourg Saint-Honoré, 208.

### 392. — 2° *Dans les dispensaires.*

*Maladies des yeux.* — 1° D$^r$ Desmarres fils, rue Hautefeuille, 8, tous les jours de midi à 5 heures. 2° D$^r$ Galezowki, rue Dauphine, 26 ; tous les jours de 1 heure à 3.

*Maladies du larynx.* 1° D$^r$ Mandl, rue Git-le-Cœur, 12, les jeudis de midi à 1 heure. — 2° D$^r$ Fauvel, rue Guénégaud, 13. Les lundis et jeudis, de 9 heures à 11 heures du matin.

*Maladies des oreilles.* — D$^r$ Garrigou Desarènes, rue de l'École de Médecine, 37, les mercredis et samedis à midi.

## 19°. *Service médical de nuit.*

393. — Un service médical de nuit est organisé dans Paris depuis plusieurs années. La liste des médecins qui ont consenti à se charger de ce service est affichée

dans chaque mairie. Un gardien de la paix accompagne chez un médecin les personnes qui se présentent au poste, attenant à la mairie, pour réclamer des secours. Une rémunération de 10 francs est due au médecin pour chaque visite de nuit. Cette somme est recouvrée par l'intermédiaire du commissariat de police.

### 20°. *Marchés aux fleurs.*

**394.** — Ces marchés se tiennent : 1° Quai Napoléon (le *mercredi* et le *samedi*) ; 2° Place Lobau (le *mercredi* et le *samedi*) ; 3° à la Madeleine (le *mardi* et le *vendredi*) ; 4° Place Saint-Sulpice (le *lundi* et le *jeudi*) ; 5° Place de la République (le *lundi* et le *jeudi*).

## SECTION VII.

### RENSEIGNEMENTS COMPLÉMENTAIRES.

**395.** — Nous donnons ici un certain nombre de renseignements utiles, que nous avions négligés dans nos précédentes éditions, et dont l'absence nous a été signalée par plusieurs étudiants.

### § 1er. — *Formalités à remplir pour la prestation du serment d'avocat et l'inscription au stage.*

**396.** — La prestation de serment a lieu tous les lundis devant la Cour d'appel.

Trois jours avant, au moins, et avant 4 heures, déposer le diplôme au parquet de la Cour pour le faire viser par M. le procureur général. (Rien à payer.)

Le retirer le lendemain et le remettre au greffe de la

Cour, en consignant la somme de 54 fr. 15 pour droits de serment et d'enregistrement.

Avant le jour du serment, déposer une carte de visite chez MM. le premier président de la Cour, le procureur général et le bâtonnier.

Se trouver à 11 heures le jour du serment à la bibliothèque des avocats pour y revêtir la robe.

Se présenter au serment en robe, avec pantalon noir, cravate blanche et sans moustaches (les moustaches sont cependant tolérées).

Prêter le serment à la barre en répondant : « Je le jure, » à la formule prononcée par le greffier.

Après l'invitation de M. le premier président de prendre place au barreau, il est convenable de s'asseoir un instant à l'un des bancs des avocats, mais on peut se retirer immédiatement.

On est accompagné devant la Cour par l'huissier de la bibliothèque, auquel il est d'usage de remettre une gratification de 5 francs.

On peut se contenter de prêter le serment, ou bien on peut de plus se faire inscrire au stage.

Dans ce dernier cas, se rendre à la bibliothèque pour y signer une formule de demande d'admission au stage, en indiquant le nom d'un rapporteur, si on en connaît un personnellement ; hors cette exception, il en est désigné un d'office.

Verser en même temps une somme de 35 francs pour droits d'admission au stage.

Deux jours après, retourner à la bibliothèque pour y prendre son dossier contenant le nom du rapporteur désigné.

Se présenter chez le rapporteur avec le dossier, pour lui faire visite.

Ce dernier indique le jour et l'heure où il doit rendre sa visite, qui consiste à s'assurer que le candidat habite dans ses meubles.

Dans les trois ou quatre jours, il dépose son rapport, après lequel le candidat reçoit du secrétaire de l'ordre un avis lui annonçant qu'il est admis et l'invitant à retirer ses pièces.

Il est d'usage de faire une nouvelle visite au rapporteur pour le remercier.

La cotisation annuelle est de 30 francs, payables par semestre.

**397.** — Robes. — L'abonnement à la robe à raison de 2 fr. 50 par mois donne droit à la robe tous les jours. Sans abonnement, la robe se paie 50 centimes par séance [1].

## § 2. — *Composition et service du tribunal de la Seine.*

**398.** — Composition du tribunal. — Le Tribunal est composé d'un Président, de onze Vice-Présidents, de soixante-deux Juges et quinze Suppléants; vingt-cinq Juges remplissent les fonctions de Juges d'instruction. Il se divise en onze Chambres.

Il y a près le Tribunal : un Procureur de la République *et vingt-six Substituts;* un Greffier en chef, onze Commis-Greffiers pour le service des audiences; un pour les référés, un pour la caisse, deux à la Chambre du conseil, un aux dépôts, acceptations et renonciations; deux aux criées, trois au greffe des ordres, un à la recette des dépôts, greffe de la police correction-

---

(1) Nous empruntons ces renseignements au *Manuel de procédure pratique* de M. Isaure Toulouse.

nelle ; un au casier judiciaire, vingt-et-un pour le service des Juges d'instruction, trois au Petit-Parquet et un à l'État civil.

399. — SERVICE DES CHAMBRES. — Les sept premières Chambres connaissent des matières civiles et ordinaires ; la première Chambre connaît, en outre, des contestations relatives aux avis de parents, aux interdictions et autres mentionnées en l'article 60 du décret du 30 mars 1808 ; et la seconde des ordres et contributions, des contraventions aux droits de timbre et d'enregistrement, et du contentieux judiciaire des domaines, conformément à l'ordonnance de 1810 ; la huitième, la neuvième, la dixième et la onzième, des affaires de police correctionnelle.

Les Chambres sont composées conformément au roulement arrêté chaque année, en Assemblée générale du Tribunal, dans la dernière quinzaine d'août. La première Chambre est présidée, le mercredi et le vendredi, par le Président du Tribunal ; les autres jours, par un Vice-Président. Chacune des autres Chambres est présidée par un Vice-Président.

Les Chambres civiles tiennent audience cinq jours par semaine, le mardi, le mercredi, le jeudi, le vendredi et le samedi, savoir : la 1re Chambre à 11 heures 1/2, la 2e à 11 heures, la 3e à 11 heures 1/4, la 4e à 11 heures 3/4, la 5e à midi, la 6e à 11 heures 1/2 et la 7e à 10 heures 3/4. Les Chambres correctionnelles tiennent audience les mêmes jours à 11 heures. Elles siègent en outre à tour de rôle, le lundi à 11 heures, pour l'expédition des affaires de flagrant délit.

L'audience des saisies immobilières a lieu le jeudi à deux heures.

L'audience des criées, pour la vente des immeubles,

est tenue par l'un des Juges du Tribunal, les mercredis et samedis, à deux heures.

La 1re Chambre, formée en Chambre du Conseil, se réunit, sauf les cas d'urgence, les mercredis, vendredis et samedis à trois heures, pour les affaires relatives aux avis de parents, actes de notoriété, autorisation de femmes mariées, aux successions bénéficiaires, vacantes ou en déshérence, etc.

Les référés sur procès-verbaux d'huissiers sont tenus par les magistrats désignés à cet effet, le mardi, le mercredi, le jeudi, le vendredi et le samedi à 11 h. 1/2; les référés sur autres procès-verbaux et sur placets sont tenus par le président le mardi, le jeudi et le samedi, les premiers à midi et demi et les seconds à 1 heure.

Le Président reçoit à son cabinet au Palais de Justice tous les jours, de 4 à 5 heures, à l'exception du dimanche et du lundi. Il reçoit chez lui, sauf les cas d'urgence, le lundi, de 5 à 6 heures, sur une lettre d'audience.

400. — VACANCES. — L'audience des vacations, qui a lieu du 1er septembre au 1er novembre, se tient les mercredis, jeudis, vendredis et samedis, à midi.

Les référés se tiennent les mêmes jours, savoir : les référés sur procès-verbaux, à midi, et les référés sur placets à une heure. Les audiences pour les ventes sur saisies immobilières, tous les jeudis, à l'issue de l'audience des vacations.

§ 3. *Itinéraire des omnibus.*

401.

**A** — d'Auteuil à la Madeleine.
**B** — du Trocadéro à la gare de l'Est,
**C** — de la porte Maillot à l'Hôtel-de-Ville.
**D** — des Ternes au boulevard des Filles-du-Calvaire.
**E** — de la Madeleine à la Bastille.
**F** — de la place Wagram à la Bastille.
**G** — du square des Batignolles au Jardin des Plantes.
**H** — de Clichy à l'Odéon.
**I** — de la place Pigalle à la Halle aux vins.
**J** — de Montmartre à la place Saint-Jacques.
**K** — du chemin de fer du Nord au boulevard Saint-Marcel.
**L** — de la Villette à Saint-Sulpice.
**M** — du lac Saint-Fargeau aux Arts-et-Métiers.
**N** — de Belleville à la rue du Louvre.
**O** — de Ménilmontant à la gare Montparnasse.
**P** — de Charonne à la place d'Italie.
**Q** — de Plaisance à l'Hôtel-de-Ville.
**R** — de la gare de Lyon à Saint-Philippe-du-Roule
**S** — de la barrière de Charenton à la place de la République.
**T** — de la gare d'Orléans au square Montholon.
**U** — du Parc Montsouris à la place de la République.
**V** — du Maine au chemin de fer du Nord.
**X** — de Vaugirard à la gare Saint-Lazare.
**Y** — de Grenelle à la porte Saint-Martin.
**Z** — de Grenelle à la Bastille.
**AB** — de Passy à la place de la Bourse.
**AC** — de la Petite-Villette (rue de Hainaut) aux Champs-Élysées.

**AD** — place de la République à l'École Militaire.
**AE** — de la place Saint-Michel aux forges d'Ivry.
**AF** — de la place du Panthéon à la place Courcelles.
**AG** — du Louvre à la porte de Versailles.
**AH** — de la place Saint-Sulpice à Auteuil.
**AI** — de la gare Saint-Lazare à la place Saint-Michel.

§ 4. *Itinéraire des tramways-omnibus.*

402.

(RÉSEAU INTÉRIEUR).

Tr. **A** — Saint-Cloud au Louvre.
— **B** — Louvre à Sèvres.
— **C** — Louvre à Vincennes.
— **D** — Étoile à la Villette.
— **E** — La Vilette à la place de la Nation.
— **F** — Cours de Vincennes au Louvre.
— **G** — Montrouge à la gare de l'Est.
— **H** — La Chapelle au square Monge.
— **I** — Cimetière Saint-Ouen à la Bastille.
— **J** — Louvre à Passy.
— **K** — Louvre à Charenton.
— **L** — Bastille au pont de l'Alma.
— **M** — Gare de Lyon au pont de l'Alma.
— **N** — La Muette à la rue Taitbout.
— **O** — Auteuil à Boulogne.
— **P** — Trocadéro à la Villette.
— **Q** — Halles à la porte d'Ivry.
— **R** — Boulogne au Pont de Billancourt.
— **S** — Pont de Charenton à Creteil.
— **AB** — Louvre à Versailles.

TRAMWAYS-NORD.

1° de Levallois-Perret à la Madeleine.
2° du parc Neuilly à la Madeleine.
3° de Courbevoie à la barrière de l'Étoile.
4° de Genevilliers au boulevard Haussmann.
5° de Pantin à la place de la République.
6° d'Aubervilliers à la place de la République.
7° de Saint-Denis à la rue Taitbout.
8° de Saint-Denis au boulevard Haussmann.
9° de Saint-Ouen au boulevard Haussmann.
10° de Suresnes à la Madeleine.

TRAMWAYS-SUD.

1° De Saint-Germain-des-Prés à Clamart, Vanves, Issy.
2° De Saint-Germain-des-Prés à Montrouge et Châtillon, Fontenay-aux-Roses.
3° Du jardin de Cluny à Ivry.
4° Du jardin de Cluny à Vitry.
5° De la gare d'Orléans à Villejuif.
6° De la Bastille à Charenton.
7° De la place du Trône à Montreuil.
8° De l'Étoile à la gare Montparnasse.
9° De la gare Montparnasse à la place de la Bastille.
10° Du Trône à la gare d'Orléans.
11° Des Champs-Élysées à Vanves.

## § 5. *Itinéraire des bateaux-omnibus.*
### 403.

## **Traversée de Paris**.

*Service du Pont-National (Bercy) au quai d'Auteuil
et réciproquement (10 kilom.).*

STATIONS. — Pont de Bercy, R. D.
— Pont d'Austerlitz, R. G.
— Pont de Sully, R. D.
— Pont de la Tournelle, R. G.
— Hôtel-de-Ville, R. D.
— Le Châtelet, R. D.
— Pont des Saints-Pères, R. G.
— Pont-Royal, R. D.
— Pont de la Concorde, R. D.
— Pont des Invalides, R. D.
— Pont de l'Alma, R. D.
— Pont d'Iéna, R. G.
— Quai de Passy, R. D.
— Pont de Grenelle, R. D.
— Quai de Javel, R. G.
— Quai d'Auteuil, R. D.

PRIX : **10** c. la semaine. — **20** c. les dimanches
et fêtes.

Sont considérés comme jours de fête : le 1er *janvier*, le
*Mardi-Gras*, le *lundi de Pâques*, l'*Ascension*, le *lundi de la Pentecôte*, le 14 juillet, l'*Assomption*, la *Toussaint* et *Noël*.

## Service de la banlieue.

*I. — Du Pont de Charenton au Pont d'Austerlitz
et réciproquement.*

PRIX : **10** c. tous les jours indistinctement.

STATIONS. — Charenton (Marne), R. D.
  —        Alfortville (Marne), R. D.
  —        Carrière (Seine), R. D.
  —        Ivry (Seine), R. G.
  —        Magasins Généraux, R. D.
  —        Pont National, R. D.
  —        Quai de la Gare, R. G.
  —        Pont de Bercy (amont), R. G.
  —        Pont d'Austerlitz (aval), R. G.

*II — Du Pont-Royal à Suresnes.*

PRIX DES PLACES . **30** c. la semaine. — **50** c. le
dimanche.

STATIONS HORS PARIS. — Pont de Billancourt, Bas-
Meudon, Sèvres, Saint-Cloud, Suresnes.

N. B. — La communication entre les services de la traversée
de Paris et de Charenton a lieu à la station du pont d'Austerlitz.

404. — § 6. *Prix des places dans les théâtres.*

| DÉSIGNATION des THÉÂTRES | AVANT-SCÈNES rez-de-chaussée | AVANT-SCÈNES des premières | AVANT-SCÈNES des deuxièmes | LOGES premières de face | LOGES premières de côté | LOGES deuxièmes de face | LOGES deuxièmes de côté | BAIGNOIRES | FAUTEUILS d'orchestre | FAUTEUILS de balcon | STALLES d'orchestre | STALLES première galerie | STALLES 2e balcon ou galerie | PARTERRE |
|---|---|---|---|---|---|---|---|---|---|---|---|---|---|---|
| Opéra | 13 » | 15 » | 12 » | 15 » | 13 » | 12 » | 10 » | 13 » | 13 » | 15 » | » » | 12 » | 8 » | 7 » |
| Comédie-Française | 8 » | 10 » | 8 » | 8 » | » » | 6 » | 4 » | 8 » | 6 » | 7 » | » » | » » | 3 » | 2 50 |
| Opéra-Comique | 10 » | » » | 4 » | 8 » | » » | 5 » | 4 » | 6 » | 7 » | 8 » | 4 » | » » | 4 » | 2 50 |
| Odéon | 10 » | 10 » | 3 » | 8 » | 6 » | 3 » | 2 50 | 6 » | 6 » | 5 » | » » | 3 50 | 4 » | 2 » |
| Châtelet | » » | » » | » » | 6 » | » » | » » | » » | 5 » | 5 » | 6 » | 3 » | 3 50 | » » | 1 50 |
| Vaudeville | 12 50 | 12 50 | 4 » | 7 » | 7 » | 5 » | 4 » | 6 » | 7 » | 8 » | » » | » » | 5 » | » » |
| Variétés | 10 » | 10 » | 4 » | 8 » | 6 » | 5 » | 4 » | 8 » | 6 » | 6 » | » » | » » | 2 » | » » |
| Gymnase | 10 » | 10 » | 2 50 | 8 » | » » | 4 » | 2 » | 7 » | 6 » | 6 » | 5 » | » » | 2 » | » » |
| Palais-Royal | 8 » | » » | 4 » | 7 » | 7 » | 5 » | 4 » | 7 » | 6 » | 7 » | 4 » | » » | 5 » | » » |
| Porte-Saint-Martin | 8 » | 8 » | 5 » | 7 » | 6 » | 5 » | » » | 6 » | 6 » | 7 » | 4 » | » » | 2 50 | 2 » |
| Bouffes | 10 » | 10 » | 4 » | 8 » | » » | 4 » | » » | 8 » | 6 » | 6 » | » » | 4 » | 4 » | » » |
| Athénée | 6 » | 6 » | » » | 5 » | 4 » | 2 50 | 2 50 | 4 » | 5 » | 4 » | 3 » | » » | » » | » » |
| Gaîté | 8 » | 8 » | 4 » | 7 » | 6 » | 4 » | » » | 6 » | 5 » | 6 » | 4 » | 3 » | 2 50 | » » |
| Folies-Dramatiques | 8 » | 6 » | 2 » | 5 » | 3 » | » » | » » | » » | 5 » | 5 » | 2 50 | 2 50 | 1 15 | » » |
| Ambigu-Comique | 0 » | 10 » | 3 » | 7 » | » » | 3 50 | 3 » | 7 » | » » | 7 » | 3 » | 2 » | 1 75 | » » |
| Renaissance | 2 » | 12 » | 8 » | 8 » | 8 » | » » | » » | 0 » | » » | 6 » | 4 » | 4 » | » » | » » |
| Cluny | 7 » | 7 » | » » | 5 » | » » | » » | » » | » » | 4 » | 4 » | 2 50 | 2 50 | 1 25 | » » |
| Château-d'Eau | 5 » | 5 » | 2 » | 4 » | » » | » » | 3 » | » » | 3 » | 2 10 | 2 » | 1 75 | 1 » | 1 » |
| Comédie-Parisienne | 8 » | » » | » » | 5 » | » » | » » | » » | » » | 5 » | 5 » | 3 50 | 3 » | 1 » | » » |
| Déjazet | 5 » | 5 » | » 50 | 3 » | 3 » | » » | » » | » » | 3 » | 3 » | 1 50 | » » | 1 50 | » » |
| Nouveautés | 10 » | 10 » | 5 » | 8 » | » » | 5 » | » » | 8 » | 7 » | 8 » | » » | 5 » | 2 » | » » |
| Nations | 7 » | 7 » | 3 50 | 6 » | 6 » | 3 » | 2 » | 7 » | 5 » | 5 » | 2 50 | 3 30 | 2 » | » » |
| Cirque d'été ou d'hiver | 2 50 | 1 » | » 50 | » » | » » | » » | » » | » » | » » | » » | » » | » » | » » | » » |
| Folies-Bergère | 2 » | » » | » » | » » | » » | » » | » » | » » | » » | » » | » » | » » | » » | » » |
| Grand Hippodrome de Paris | 5 » | 3 » | 2 » | 1 » | » » | » » | » » | » » | » » | » » | » » | » » | » » | » » |

NOTA. — On doit compter **25 0/0** en plus pour la Location.

# CHAPITRE XV

## BIBLIOTHÈQUE DE L'ÉTUDIANT (1).

Sommaire. — *Codes français et lois usuelles. — Code civil. — Droit romain. — Droit pénal et instruction criminelle. — Procédure civile. — Droit commercial. — Droit administratif. — Économie politique. — Droit féodal et coutumier. — Histoire du droit. — Thèses. — Répétitions de droit et d'économie politique. — Thèses de doctorat.*

### SECTION I.

#### LIVRES RECOMMANDÉS.

### § 1er. *Codes français et lois usuelles.*

405. — Rivière, Faustin Hélie et Paul Pont, grand in-8°, 10° édition.............................. 25 fr.
Les mêmes, *format de poche*................... 6 •
Reliure en demi-chagrin : 3 fr. pour l'in-8° ;
    1 fr. 50 pour l'in-32.

#### ON VEND SÉPARÉMENT :

### *Dans le format in-8°.*

| | | |
|---|---|---|
| Les 6 Codes en 1 volume | 12 | 50 |
| Les Lois usuelles | 12 | 50 |
| Le Code civil | 5 | » |
| Le Code de procédure civile | 3 | 50 |
| Le Code de commerce | 3 | » |
| Les Codes d'instruction criminelle et pénal | 5 | » |
| Le Code forestier | 1 | 50 |

(1) Les différents ouvrages que nous annonçons ici sont marqués au prix fort ; mais la librairie Marescq aîné a l'habitude de faire une forte remise à MM. les étudiants.

*Dans le format in-32.*

Les 6 Codes en 1 vol.............................. 3 50
Les Lois usuelles................................. 3 50
Le Code civil.................................... 1 50
Le Code de procédure civile ...................... 1 50
Le Code de commerce.............................. 1 50
Les Codes d'instruction criminelle et pénal.... 1 50
TEULET. — Édition mise au courant par Ruben
    de Couder, in-8°............................... 15 »
Les mêmes, *format de poche*..................... 6 »

## § 2. *Code civil.*

406. — MOURLON. — *Répétitions écrites sur les trois
examens du Code civil.* 11ᵉ édition, revue et mise au
courant par M. Demangeat, conseiller à la Cour de
cassation. 3 forts volumes in-8°............ 37 50
Chaque volume se vend séparément.......... 12 50
407. — Formulaire général à l'usage des notaires, juges
de paix, avoués, huissiers, greffiers et officiers de
l'état civil. *Nouvelle édition,* 1 vol. in-8°..... 12 50
*Cet ouvrage forme le complément des répétitions écrites
sur le Code civil*
408. — VALETTE, professeur à la Faculté de Droit de
Paris. — *Cours de Code civil,* tome I, 1ʳᵉ année. —
Titre préliminaire et livre 1ᵉʳ, 1 vol. in-18 jésus. 8 fr.
— *De la propriété et de la distinction des biens (com-
mentaire des titres I et II du livre II du Code civil).
— 1 vol. in-8° raisin ........................ 6 »
— *Mélanges de droit, de jurisprudence et de législation,*
recueillis et publiés par MM. Hérold et Lyon-Caen.
2 vol. in-8°, avec portrait de l'auteur........ 20 »

409. — RAMBAUD. — *Code civil par demandes et ré-*
*ponses*, 1881. 5<sup>e</sup> édition, entièrement refondue. 3 vol.
in-8°...........................................  18 »
Chaque volume se vend séparément... ......   6 »

410. — LACROIX. — *Memento de Droit civil*, 1881-82.
3 vol. in-18 ..............................  12 »
Chaque volume se vend séparément...........   4 »

411. — BERNARD. — *Cours sommaire de Droit civil* ou
exposé rationnel des principes à l'usage des élèves
des Facultés. 3 vol. in-8°...................  18 »
Chaque volume se vend séparément...........   6 »

412. — ACOLLAS (Émile). *Manuel de Droit civil*, com-
mentaire philosophique et critique du *Code Napoléon*,
contenant l'exposé complet des systèmes juridiques.
2<sup>e</sup> édition, 3 forts volumes in-8°, accompagnés d'un
appendice et de tables analytiques très détaillées;
ces dernières forment, dans leur corrélation avec le
Manuel, un véritable dictionnaire des matières du
droit civil............................. .....  40 »
Chaque volume se vend séparément...........  12 »
Le volume d'appendice et de tables se vend également
à part,...................................   4 »

413. — LAURENT. — *Principes de droit civil*, 33 vol.
in-8°. 3<sup>e</sup> édition. Chaque volume se vend sépara-
ment ..............................   9 »
— *Cours élémentaire de Droit civil français*, 4 vol·
in-8°...................................  36 »
— *Le Droit civil international*, 8 vol. in-8°....  72 »

414. — DANIEL DE FOLLEVILLE, doyen de la Faculté de
droit de Douai. — *Notion du droit et de l'obligation*
(*Introduction philosophique à l'étude du Droit civil*).
Brochure in-8°...............................   3 »

— *Introduction historique à l'étude du Code civil.*
Brochure in-8°......................................    1 50
— *De la promulgation et de l'application des lois et des
décrets* (art. 1 du Code civil, combiné avec les récentes
lois constitutionnelles), broch. in-8°........    1   »
— *Traité théorique et pratique de la naturalisation.*
Un fort volume in-8°.........................   10   »
— Recueil des règlements des Facultés de droit. Code-
Manuel de Messieurs les professeurs et étudiants.
Un fort volume in-8° ........................   12   »
— *Traité du Contrat pécuniaire de mariage* et des Droits
respectifs des époux quant aux biens, tome premier
1882. 1 vol. in-8°...........................   10   »

(*Le tome second est sous presse.*)

415. — DEMANTE ET COLMET DE SANTERRE. — *Cours
analytique du Code Napoléon,* huit volumes parus.
— Prix des deux premiers : 8 fr.; les autres.    7 50
416. — MARCADÉ ET PAUL PONT. — *Explication théorique et pratique du Code civil.* 13 vol. in-8°.   117   »
417. — ARNTZ. — *Cours de Droit civil français.* 4 vol.
in-8°.......................................   36   »

§ 3. *Droit romain.*

418. — DEMANGEAT. — *Cours élémentaire de droit
romain.* 2 vol. in-8° (3ᵉ édition)............   20   »
419. — MAYNZ. — *Traité des obligations d'après le droit
romain.* 1 vol. gr. in 8° .....................   10   »
420. — RUBEN DE COUDER. — *Résumé des Répétitions
écrites sur le Droit romain.* 6ᵉ édition, 1 vol.
in-12.......................................    7   »
421. — PELLAT. — *Manuale juris synopticum,*
in-8°.......................................    5   »

—CORPUS JURIS CIVILIS (*edente* Galisset), relié avec
  onglets .................................... 25  »
422. — JOLLY. — *Résumé synoptique des Institutes de
  Justinien*, 7 tableaux..................... 5 fr. 50
423. — NAMUR. — *Cours d'Institutes et d'Histoire du
  Droit romain*. 3ᵉ édit., 2 vol. in-8°.......... 16 fr.
424. — IHERING. — *L'Esprit du droit romain*, dans les
  diverses phases de son développement, traduit par
  de Meulenaere, 2ᵉ édition, 4 vol. in 8°...... 40 fr.
425. — UNAL. — *Actions sous le système formulaire.
  Tableau synoptique de droit romain*.......... 3 fr.
426. — ERNEST DUBOIS, professeur à la Faculté de droit
  de Nancy. — *Institutes de Gaïus*, 6ᵉ édition (1ʳᵉ française), d'après *l'apographum* de Studemund, contenant : 1° Aux textes, la reproduction du manuscrit
  de Vérone, sans changement, ni addition; 2° dans
  les notes, la restitution et les corrections proposées, en
  Allemagne, en France et ailleurs, suivie d'une table
  des leçons nouvelles. 1 vol. in-18 jésus........ 9 fr.

§ 4. — *Droit pénal et instruction criminelle.*

427. — CARRARA. — *Programme du Cours de Droit
  criminel fait à l'université de Pise.* Partie générale.
  Traduction par Paul Baret. 1 vol. in-8°...... 8 fr.
428. — ORTOLAN. — *Éléments de droit pénal.* 4ᵉ édit.,
  revue par Bonnier, 1875, 2 vol. in-8°......... 18 fr.
429. — ALFRED DIEUDONNÉ.. — *Répétitions de droit
  criminel* (Codes pénal et d'instruction criminelle),
  2ᵉ édition, entièrement refondue et mise au courant
  des lois nouvelles, 1 vol. in-18 jésus.......... 6 fr.

430.

## LEÇONS PARTICULIÈRES ET COLLECTIVES
### DE DROIT
#### ET D'ÉCONOMIE POLITIQUE

(Leçons par correspondance. — Envoi en province des cours de doctorat. — Répétitions pendant les vacances, à partir du 15 août.)

**PAR**

### ALFRED DIEUDONNÉ
Avocat à la Cour d'appel.

*3, rue Soufflot, en face l'École de droit.*

De 9 heures du matin à 6 heures du soir.

### § 5. *Procédure civile.*

431. — MOURLON. — *Répétitions écrites sur le Code de procédure civile* (matières de l'examen), contenant l'exposé des principes généraux, leurs motifs et la solution des questions théoriques, suivies d'un formulaire, 5ᵉ édition, 1 volume in-8° (*sous presse*).

### § 6. *Droit commercial.*

432. — H. F. RIVIÈRE. — *Répétitions écrites sur le Code de commerce*, 8ᵉ édition, revue, corrigée, augmentée et suivie d'un Formulaire, 1882, 1 vol. in-8°.  12 fr. 50

433. — BRAVARD-VEYRIÈRES. — *Manuel de Droit commercial*, 7ᵉ édition, revue par M. Ch. Demangeat, 1 vol. in 8°.............................. 12 fr.

434. CRESP. — *Cours de Droit maritime*, annoté, complété et mis au courant de la jurisprudence par M. Aug. Laurin, professeur de Droit commercial à la Faculté de droit d'Aix, 1876-82, 4 vol. in-8°... 34 fr.

### § 7. — *Droit administratif.*

435. — L. CABANTOUS. — *Répétitions écrites sur le droit public et administratif.* — 1881. Nouvelle édition (6ᵉ), revue et mise au courant par M. Liégeois, professeur à la Faculté de droit de Nancy, 1 vol. in-8°...................................... 14 fr.

436. — ALFRED DIEUDONNÉ. — *Manuel de droit administratif*, à l'usage des écoles et des candidats aux diverses administrations publiques. 1882. 1 volume in-18............................................. 6 fr.

### § 8. — *Économie politique et finances.*

437. — ÉMILE WORMS. — *Exposé élémentaire de l'économie politique à l'usage des écoles*, par M. Émile Worms, professeur d'économie politique à la Faculté de droit de Rennes, correspondant de l'Institut, avec une introduction de M. Émile Levasseur, membre de l'Institut, 1 vol. in-18 jésus................... 6 fr.

438. — DUFOUR. — *Traité de l'impôt foncier. Étude de législation financière et de pratique administrative.* In-18 jésus............................................. 3 fr.

Cet ouvrage forme le premier volume d'une collection de *Petits traités de finances populaires* qui sera composée de 10 volumes.

### § 9. *Histoire du droit.*

439. — MINIER. — *Précis historique du droit français.* Introduction à l'étude du droit, 1 vol. in-8°.... 9 fr.

H. DE FRESQUET. — *Précis d'histoire des sources du droit français*, depuis les Gaulois jusqu'à nos jours, 1 vol. in-2...................... 3 fr. 50

440. — TISSOT. — *Introduction historique et philosophique à l'étude du droit*, 1875, 2 vol. in 8°.. 18 fr.
Chaque volume se vend séparément.......... 9 fr.

### § 10. *Thèses de doctorat.*

441. — On trouve à la librairie Marescq aîné, rue Soufflot, 20, un grand assortiment de thèses de doctorat à des prix très modérés.

### SECTION II.

#### § 1er. *Collections de dissertations sur diverses matières de droit romain.*

442. — *E. Ottonis.* Thesaurus juris rom. continen. rariora meliorum interpret. 97 opuscul. *Lugd. Bat.* 1725, et *Traj. ad Rh.* 1733, 5 vol. in-fol.
Jurisprudentia romana et attica continens varios commentator. *Lugd. Bat.* 1711, in-fol.
*G. Meermani.* Novus thesaurus juris civil. et canon. *Hagæ Com.* 1751, 7 vol. in-fol. Supplém. *ibid.* 1780, in-fol.
*G. Oelrichs.* Thesaurus dissertationum juridic. selectissim. in academ. belgic. *Lips.* 1770, in-4.
Collectio dissert. in acad. german. *Brem.* 1785, in-4.

#### § 2. *Lexiques et ouvrages qui facilitent les recherches.*

443. — Lexicon juridicum ex *Brissonio, Hotomano* et *Cujacio. Genev.* 1615, in 8.
Dictionarium juridic. in quo *B. Brissonii* de verbor.

significat. Opus in meliorem ordinem redactum, cum accessionibus *J. G. Heineccii*, etc. *Halæ Magdeb.* 1744.

*J. Kahl* (seu *Calvini*). Lexicon juridicum. *Frf.* 1600. *Genev.* 1759, 2 vol. in-fol.

*Vicat.* Vocabular. utriusq, juris. *Neap.* 1760, 4 vol. in-8.

*Hommelii.* Corpus jur. civil. *Lips.* 1768, in-8

## § 3. *Recueils d'antinomies.*

444. — *J. Belloni.* Antinomiarum juris dissolutiones. *Lugd.* 1551, in-18.

*D. Gothofredi.* Immo; hoc est conciliatio legum. Paris, 1821, in-8. Appendix, édit. *Pinel-Gandchamp*, 1822, in-8.

*Giphanii.* Antinomiarum 6 libri. *Francof.* 1666, in-4.

*Merendœ.* Controversiar. juris 24 libri. *Brux.* 1715, 4 vol. in-fol.

*Averanii.* Interpretationum juris 5 libri. *Lugd.* 1758, 2 vol. in-4. Supplém. 1 vol. in-8.

*S. Cocceii.* Jus civile controversum. *Francof.* 1753. 2 vol. in-4.

*N. de Passeribus.* Conciliatio legum, 1685, in-1.

## SECTION III.

### PRINCIPALES ABBRÉVIATIONS USITÉES POUR LA CITATION DES LOIS ROMAINES ET DES AUTEURS.

445. — ARG. *Argumento :* par un argument tiré de telle loi.

AUTH. *Authentica :* dans l'authentique, c'est-à-dire dans le sommaire de quelque Novelle insérée dans le Code, sous tel titre.

Cap. *Capite* ou *capitulo :* dans le chapitre tant de telle Novelle.

C. ou Cod. *Codice :* au code de Justinien.

Cod. Theod. *Codice Theodosiano :* au code Théodosien.

Col. *Columnâ :* dans la colonne 1 ou 2 d'une page de tel interprète que l'on cite.

Coll. *Collatione :* dans la collation de telle ou telle des Novelles de Justinien.

D. *Dicto* ou *Dicta :* c'est-à-dire à l'endroit ou dans la loi citée auparavant.

DD. *Doctores :* les docteurs.

Eod. *Eodem :* au même titre, au même endroit.

F. *Finali :* dernier ou dernière.

FF. *Pandectis seu digestis :* Dans le Digeste ou dans les Pandectes ; sur quoi il faut remarquer que les Grecs marquaient les Pandectes par cette lettre $\pi$, au lieu de laquelle on s'est servi dans la suite de deux ff joints ensemble. *Digestorum liber ideo duplici* ff *signatur, quod græci per* $\pi$ *cum accentu circumflexo notabant, sub quibus et Digestorum libri comprehensi sunt : unde facili liturâ* $\pi$ *in* ff *latinè inolevit,* dit Calvin, dans son *Lexicon juris.* On désignait donc par deux $\pi\pi$ les pandectes ; et comme les copistes ont pris ces deux $\pi\pi$ pour deux ff, de là est venue la méthode de citer le Digeste par deux ff.

Gl. *Glossa :* la glose.

H. *Hic,* ici, dans le même titre, la même loi, ou le même paragraphe.

Inf. *Infra :* plus bas.

In auth. coll. i. In authenticâ, *collatione I :* Dans les Novelles, section ou partie première.

In f. *In fine :* à la fin du titre, de la loi ou du paragraphe cité.

In pr. *In principio :* au commencement et avant le premier paragraphe d'une loi.

In sum. *In summa :* dans le sommaire.

Junct. glos. *Juncta glossa :* la glose jointe au texte cité.

Jc. *Jurisconsulti :* les jurisconsultes.

L. 5. *Lege quintâ :* dans la loi 5.

Lib. *Libro :* au livre 1, 2, etc.

Nov. *Novellâ :* dans la Novelle 1, 2, etc.

Par. *Paragrapho :* au paragraphe.

Q. Qu. ou Quæst. *Quæstione :* dans telle question.

Rub. *Rubricâ :* dans telle rubrique ou telle titre.

*Nota.* — Les titres ont été nommés rubriques, parce qu'anciennement on les écrivait en lettres rouges.

T. ou Tit. *Titulo :* titre.

§. *Paragrapho :* au paragraphe.

*: *Versiculo :* au verset. Le verset est une subdivision du paragraphe.

Ult. *Ultimo, ultimâ :* dernier titre ou paragraphe, ou dernière loi.

---

On peut consulter aussi sur la manière de lire les abréviations, le livre de Desboys intitulé : *Modus legendi abbreviaturas passim in jure tam civili quam pontifico occurentes. Huic accessére tituli qui et rubricæ vocantur in universum jus civile. Jenœ,* 1688, in-8°.

# CHAPITRE XVI.

## SEMAINE DE L'ÉTUDIANT.

SOMMAIRE. — *Etudiants de première année* (TABLEAU A). — *Etudiants de deuxième année* (TABLEAU B). — *Etudiants de troisième année* (TABLEAU C). — *Etudiants de quatrième année* (TABLEAU D).

## Tableau A.

446. — ÉTUDIANTS DE PREMIÈRE ANNÉE.

| | | |
|---|---|---|
| *Droit romain.* | M. Garsonnet. | *Mardi,* 10 h. 1/4 *Jeudi,* (*anc. amph.*) *Samedi.* |
| *Droit romain.* | M. Lyon-Caen. | *Les mêmes* midi 3/4 *jours.* (*anc. amph.*) |
| *Code civil.* | M. Bufnoir. | *Lundi,* 8 h. *Mercredi* (*anc. amph.*) *Vendredi.* |
| | M. Boistel. | *Les mêmes* 11 h. 1/2 *jours* (*anc. amph.*) |
| *Droit criminel et législation pénale comparée.* | M. Léveillé. | *Mardi,* 9 h. *Jeudi,* (*anc. amph.*) *Samedi.* |
| *Législation criminelle.* | M. Desjardins. | *Les mêmes* 11 h. 1/2 *jours* (*anc. amph.*) |

| | | | |
|---|---|---|---|
| *Histoire du droit fran-çais.* | M. Esmein. | *Lundi,* | 3 h. *(anc. amph.)* |
| | | *Mercredi,* | 3 h. *(nouv. amph.)* |
| | M. Ripert. | *Mercredi,* | 3 h. |
| | | *Vendredi (anc. amph.)* | |

## Tableau B.

### 447. — ÉTUDIANTS DE DEUXIÈME ANNÉE.

| | | | |
|---|---|---|---|
| *Droit romain.* | M. Jobbé-Duval. | *Lundi,* | 11 h. 1/2 |
| | | *Mercredi (nouv. amph.)* | |
| | | *Vendredi.* | |
| | M. Gérardin. | *Les mêmes jours (nouv. amph.)* | 1 h. 1/4 |
| *Code civil.* | M. Colmet de San-terre. | *Les mêmes jours (anc. amph.)* | 9 h. 3/4 |
| | M. Beudant. | *Les mêmes jours (nouv. amph.)* | 8 h. |
| *Procédure civile.* | M. Glasson. | *Mardi,* | 8 h. 1/4 |
| | | *Jeudi (nouv. amph.)* | |
| | | *Samedi.* | |
| *Économie poli-tique.* | M. Batbie. | *Mardi,* | 3 h. |
| | M. Beauregard. (*chargé du cours*). | *Samedi,* | 9 h. 1/2 (*nouv. amph.*) |

## Tableau C.

448. — ÉTUDIANTS DE TROISIÈME ANNÉE.

| | | | |
|---|---|---|---|
| *Code civil.* | M. Duverger. | *Lundi,* | 9 h. 3/4 |
| | | *Mercredi,* | |
| | | *Vendredi (nouv. amph.)* | |
| | M. Demante. | *Les mêmes jours (anc. amph.)* | 1 h. 3/4 |
| *Droit adminis-tratif.* | M. Vuatrin. | *Mardi,* | midi. |
| | | *Jeudi (nouv. amph.)* | |
| | | *Samedi.* | |
| | M. Cassin. | *Les mêmes jours (3ᵉ amph.)* | 9 h. 1/2 |
| *Code de commerce.* | M. Rataud. | *Les mêmes jours. (nouv. amph.)* | 1 h. 1/4 |
| *Droit international privé.* | M. Lainé. | *Lundi,* | 3 h. |
| | | *Vendredi (nouv. amph.)* | |

## Tableau D.

449. — ÉTUDIANTS DE QUATRIÈME ANNÉE.

*Code civil.* Deux cours, au choix de l'étudiant.

| | | | |
|---|---|---|---|
| *Droit des gens.* | M. Renaud. *(chargé du cours).* | *Mardi,* | 8 h. 1/4 |
| | | *Jeudi,* | (3ᵉ amph. |
| *Cours de Pandectes.* | M. Labbé. | *Mardi,* | 2 h. |
| | | *Samedi (anc. amph.)* | |

| | | | |
|---|---|---|---|
| *Histoire du droit romain et du droit français.* | M. Cauwès. | *Mardi,* | 9 h. 1/2 |
| | | *Jeudi (nouv. amph.)* | |
| *Droit coutumier.* | M. Chambellan. | *Les mêmes* | 3 h. 1/4 |
| | M. Lefebvre, *agr., ch. du cours.* | *jours (anc. amph.)* | |
| *Droit constitutionnel.* | M. Jalabert. | *Mardi,* | 10 h. 3/4 |
| | | *Jeudi (nouv. amph.)* | |
| *Droit commercial ou industriel.* | M. Michel, *(chargé du cours).* | *Mardi,* *Jeudi,* | midi 3/4 (3e *amph.*) |
| *Science financière.* | M. Alglave, *(chargé du cours).* | *Mardi,* *Jeudi,* | 4 h. 1/2 (anc. *amph.*) |

450. — Conférences pour la préparation
aux examens.

Les conférences seront faites à partir du vendredi
1er décembre, aux jours et heures qui seront indiqués
par une affiche spéciale. Elles sont *gratuites*. Les
inscriptions seront reçues au secrétariat, les mardis et
mercredis de chaque semaine, de 10 heures à 2 heures.

# TABLE ALPHABÉTIQUE

## DES MATIÈRES (1)

---

## A



---

(1) Les indications de cette table renvoient aux numéros et non aux pages.

# B

# D

# E

# G



# H



# I

## J



## L



## M

# N

**Noms et adresses de MM.** les professeurs titulaires, 3.
— De MM. les professeurs agrégés, 4.

# O

**Objets perdus par les étudiants,** 356. — Objets oubliés dans les voitures publiques, 365.
**Observatoire,** 335.
**Omission d'une déclaration prescrite,** 49, 273, 274.
**Omnibus.** — Itinéraire, 401.
**Opposition à la remise des diplômes,** 169.
**Option (droit d') :** Entre le régime nouveau et le régime ancien, 103.
**Ouvrages recommandés à MM.** les étudiants, 405 à 440·

# P

**Passage** d'une Faculté libre dans une Faculté de l'État et réciproquement, 31.
**Passe ports,** 360.
**Peines disciplinaires,** — Voy. Discipline.
**Permis de chasse,** 369.
**Pétitions** . *Modèle de pétition à l'effet d'obtenir l'équivalence,* 17. — *Pièces à l'appui,* 18. — *A l'effet de prendre une ou plusieurs* inscriptions cumulatives, 25.
**Pièces de monnaies,** refusées par les caisses publiques, 71.
**Plaintes contre les cochers,** 363.
**Police des cours,** 66.
**Portefeuille industriel,** 313.
**Positions.** — Pour la thèse de doctorat, 149. — Recueils de controverses de droit romain, 131 (*Note* 2), 598.
**Prisons de la Seine,** 338.
**Prix.** — Donation Ernest Beaumont, 203 et 213. — Prix du comte Rossi, 222. — Sujets de concours pour 1883 (223). — Prix Bastiat et Montesquieu, 227. — Prix décernés par l'Académie de législation de Toulouse, 228.
**Programme du cours de droit administratif,** 129.

FIN DE LA TABLE ALPHABÉTIQUE DES MATIÈRES.

# LEÇONS

PARTICULIÈRES ET COLLECTIVES

## DE DROIT

## ET D'ÉCONOMIE POLITIQUE

(Leçons par correspondance. — Envoi en province des cours spéciaux de doctorat. — Répétitions pendant les vacances, à partir du 15 août.)

PAR

## Alfred DIEUDONNÉ

Ancien avocat à la Cour d'appel de Paris

3, RUE SOUFFLOT, 3 (AU DEUXIÈME)

*(En face l'École de droit)*

De 9 heures du matin à 6 heures du soir.

(*Voir la suite à la page suivante.*)

LIBRAIRIE A. MARESCQ AINÉ
20, RUE SOUFFLOT, PARIS

# EXPOSÉ ÉLÉMENTAIRE

DE

# L'ÉCONOMIE POLITIQUE

A L'USAGE DES ÉCOLES

PAR

## M. Émile WORMS

Professeur d'Économie politique à la Faculté de droit de Rennes,
correspondant de l'Institut.

AVEC UNE INTRODUCTION

DE

## M. Émile LEVASSEUR

Membre de l'Institut, professeur d'Économie politique au Collège
de France et au Conservatoire des Arts-et-Métiers.

1880. 1 fort vol. in-18 jésus : 6 fr.

---

## DU MÊME AUTEUR

**Rudiments de l'Économie politique** à l'usage de
l'enseignement secondaire, conformément aux programmes officiels. 3 fr.

**Nouveau catéchisme d'Économie politique.** 1 fr. 50

L'enseignement du droit criminel a subi à la Faculté de Paris, grâce à M. le professeur Léveillé, une véritable transformation ; sans abandonner les traditions de son éminent prédécesseur, ce dernier a voulu rajeunir le plan suivi jusqu'ici et le vivifier par le rapprochement de notre législation avec les Codes étrangers, avec l'économie politique et la statistique. Aussi, M. Dieudonné, dont les *Répétitions de droit criminel* ont reçu un bienveillant accueil dans les écoles, a-t-il dû remanier son travail primitif et refondre au bout de peu de temps la première édition ; la revision a profité à cet ouvrage, qui y a gagné en intérêt et en importance, puisque l'auteur a profité de la réimpression de l'ouvrage pour donner plus d'étendue à certaines matières particulièrement importantes, comme la récidive, la complicité, la procédure devant la Cour d'assises. Ajoutons que la rédaction est nette, précise, brève, accompagnée des dates et des renvois nécessaires, coupée comme il convient à un manuel, en paragraphes numérotés qui facilitent l'étude, les résumés et les recherches. Ce livre pourra donc servir en même temps de préparation pour les cours et de résumé des leçons de professeur (Dalloz. Août 1880).

# MANUEL

DE

# DROIT ADMINISTRATIF

A L'USAGE

## DES ÉTUDIANTS EN DROIT

Et des Candidats aux diverses administrations
publiques

### Par Alfred DIEUDONNÉ

Ancien avocat à la Cour d'appel de Paris.
Professeur libre de droit et d'économie politique.

1883. 1 fort vol. in-18 : 6 fr.

# Librairie GUILLAUMIN, rue Richelieu, 14

## ÉCONOMIE POLITIQUE

| | | |
|---|---|---|
| *Journal des Economistes*, Revue de la science économique et de la statistique. Abonnement annuel....................Fr. | 36 | » |
| *Dictionnaire de l'économie politique*, 2 vol. gr. in-8........ | 50 | » |
| *J.-B. Say.* — Traité d'économie politique, 1 vol. in-18.... | 5 | » |
| *Rossi.* — Cours, 4 vol. in-8.............................. | 30 | » |
| *Adam Smith.* — Richesse des nations, 3 vol. in-18........ | 10 | 50 |
| *Bastiat.* — Œuvres choisies, 3 vol. in-18.............. | 18 | 50 |
| *Joseph Garnier.* — Traité, 8e édition...................... | 7 | 50 |
| — Premières notions, 5e édition......... | 2 | 50 |
| *Blanqui.* — Histoire, 2 vol. in-8........................ | 6 | » |
| — Précis élémentaire, 1 vol. in-8............... | 2 | 50 |
| *Baudrillart.* — Manuel, 1 vol. in-18...................... | 4 | » |
| *Courcelle-Seneuil.* — Traité sommaire, in-18............. | 2 | » |
| — Leçons, 1 vol. in-18................. | 2 | » |
| *Molinari (de).* — Cours, 2 vol. in-8...................... | 15 | » |
| *Cherbuliez.* — Précis, 2 vol. in-8....................... | 15 | » |

## DROIT

| | | |
|---|---|---|
| *Moullard.* — Traité du droit français.................... | 10 | » |
| *Laferrière.* — Essai sur l'histoire du Droit.............. | 7 | » |
| *Pradier-Fodéré.* — Principes généraux de Droit.......... | 7 | 50 |
| *Beccaria.* — Des délits et des peines, in-18............. | 3 | 50 |
| *Rossi.* — Droit pénal, 2 vol. in-8...................... | 15 | » |
| *Boissonade.* — Histoire de la réserve, in-8.............. | 10 | » |

## DROIT DES GENS

| | | |
|---|---|---|
| *Martens.* — Précis du droit des gens, 2 vol. in-8........ | 11 | » |
| *Vattel.* — Le Droit des gens, 3 vol. in-18............... | 15 | » |
| *Kluber.* — Droit des gens moderne de l'Europe, in-18.... | 5 | » |
| *Bluntschli.* — Droit international codifié, in-8........... | 9 | » |
| *Grotius.* — Le droit de la guerre et de la paix. 3 vol...... | 25 | » |
| *Cauchy.* — Le droit maritime et international, 2 vol...... | 15 | » |
| *Hautefeuille.* — Droits et devoirs des neutres.......... | 22 | 50 |

## DROIT CONSTITUTIONNEL

| | | |
|---|---|---|
| *Benjamin Constant.* — Cours de politique constitutionnelle, 2 vol. in-8................................... | 16 | » |
| *Rossi.* — Cours de droit constitutionnel, 4 vol.......... | 30 | » |

## DROIT COMMERCIAL

| | | |
|---|---|---|
| *Pradier-Fodéré.* — Précis de droit commercial, 1 vol..... | 4 | » |
| *Massé.* — Le droit commercial. 4 vol. in-8.............. | 36 | » |
| *Renouard.* — Traité des brevets d'invention, 1 vol. in-8... | 7 | 50 |
| — Traité des faillites, 2 vol. in-8............ | 15 | » |
| — Droit industriel, 1 vol. in-8.............. | 7 | 50 |
| *Malapert et Forni.* — Nouveau commentaire des lois sur les brevets d'invention, 1 vol. in-8............................. | 8 | » |

# INSTITUT POLYGLOTTE

## 16, rue de la Grange-Batelière, 16

## PARIS

---

## Troisième année

---

Les cours élémentaires sont essentiellement pratiques ; ils recommencent tous les trimestres. — Dans
les cours supérieurs, les devoirs sont autographiés, et
l'on ne fait usage que de la langue enseignée.

Ces cours sont complétés par des lectures, des séances
de conversation et des conférences.

La redevance annuelle qui donne le droit d'assister à
tous les cours et à toutes les conférences est fixée à
40 francs.

---

# LIBRAIRIE PAUL OLLENDORF

## 28 bis, rue de Richelieu

---

<table>
<tr><td rowspan="6">Lire, écrire et parler</td><td>L'Allemand en 6 mois, (24<sup>e</sup> éd.), 2 v. 10 f.</td><td rowspan="6">par Ollendorf, la méthode la plus pratique et la plus facile.</td></tr>
<tr><td>L'Anglais      —    (18<sup>e</sup> —   —   10 f.</td></tr>
<tr><td>L'Espagnol    —    ( 8<sup>e</sup> —   —   10 f.</td></tr>
<tr><td>L'Italien       —    (10<sup>e</sup> —   —   10 f.</td></tr>
<tr><td>Le Latin       —    (3<sup>e</sup> —   —   10 f.</td></tr>
<tr><td>Le Russe      — vient de paraître 10 f.</td></tr>
</table>

Clef de chaque méthode, pour apprendre seul (3 fr.).

NOUVELLE COLLECTION DE MANUELS PRATIQUES de correspondance commerciale et familière, dans toutes les langues, publiés sous la direction de B. Melzi, et honorée d'une médaille d'or. Chaque manuel, avec de nombreuses notes et un dictionnaire des termes de commerce. 1 vol. in-18, jésus. — Prix : 2 fr. 50.

L'ART D'ÉCRIRE, enseigné par les grands maîtres, par Ch. Gidel, proviseur du Lycée Louis-le-Grand. 1 fort vol. in-18 jésus (5 fr.).

L'ART DE BIEN DIRE, par Ch. Dupont-Vernon, de la Comédie-Française, 3<sup>e</sup> édition (1 fr.).

THÉATRE DE CAMPAGNE. Recueil de comédies de salon par les premiers auteurs dramatiques. Ont paru les séries de 1 à 6. Chaque volume in-18 jésus (3 fr. 50).

ROMANS NOUVEAUX, par Albert Delpit, André Theuriet, Vast-Ricouard, Georges Ohnet. Collection in-18 jésus, le vol. (3 fr. 50).

— Demander le catalogue complet de la librairie Paul Ollendorf, 28 bis, rue Richelieu, Paris. — Envoi franco contre mandat de poste.

---

Paris. — Imp. E. CAPIOMONT et V. RENAULT, rue des Poitevins, 6.

9 782019 247386